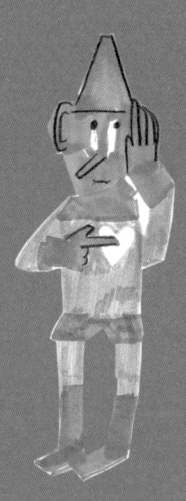

Original title: Siate gentili con le mucche
Text by Beatrice Masini
Illustrations by Vittoria Facchini
Supplementary material by Stefania Ucelli and Francesco Barale
Graphic design by Alessandra Zorzetti

© 2015 Editoriale Scienza Srl, Firenze-Trieste
www.editorialescienza.it
www.giunti.it

All rights reserved.

Korean translation © 2017 BookInFish

이 책의 한국어판 저작권은 Icarias Agency를 통해 Editoriale Scienza Srl와 독점 계약한 책속물고기에 있습니다.
저작권법에 의하여 한국 내에서 보호를 받는 저작물이므로 무단 전재와 무단 복제를 금합니다.

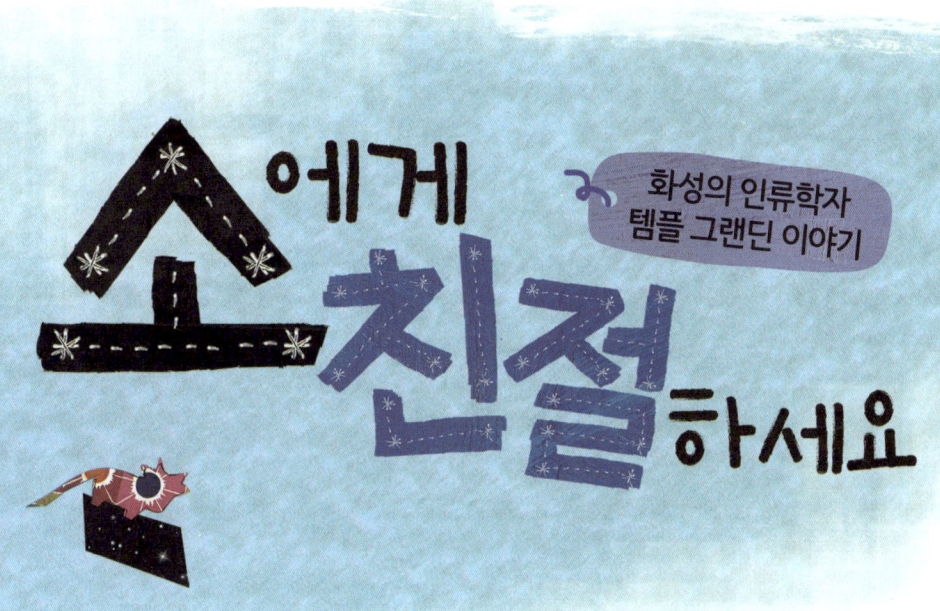

소에게 친절하세요

화성의 인류학자
템플 그랜딘 이야기

베아트리체 마시니 글
빅토리아 파키니 그림
김현주 옮김 | 동물자유연대 추천

책속물고기

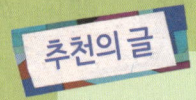

사람과 동물이 함께 살아가는 세상 만들기

　자폐증을 가진 이들은 자기만의 세계에 산다고들 말한다. 같이 살면서도 이해받을 수 없는 자폐인들의 삶은 절망에 빠지기 쉽다. 하지만 자폐증을 가진 동물학자 템플 그랜딘은 그 특별함으로 자신의 삶을 개척해 나갔다. 템플은 동물을 이해하고, 동물이 바라는 것을 알 수 있다. 그리고 동물과 함께 사는 세상을 만들어 가고 있다. 자폐인인 템플은 동물의 눈으로 세상을 보기 때문이다. 힘든 상황에 놓여 있어도, 할 수 있는 일을 찾고자 노력한다면 이룰 수 있다는 희망을 템플에게서 보고 힘을 얻는다.

　모든 생명은 소중하다. 사람이 소중하고, 반려동물들이 소중하다. 그러나 우리나라에서만 해도 한 해에 10억 마리 이상의 동물들이 식용으로 죽임을 당한다. 이들의 생명은 소중하지 않을까? 템플은 소들이 누려야 할 권리에 대해 말하고, 우리가 어떤 관심을 가져야 하는지 알려 준다. 고통과 공포를 느끼는 존재에 대한 관심은 생명을 대하는 태도와도 연관이 있다. 하지만 오늘날 축산업은 일상과 동떨어져 있어 '소'와 '비프스테이크'의 관계를 떠올릴 수 없어진 지 오래다. 들판의 소는 그냥 소고, 접시 위 비프스테이크는 그냥 음식일 뿐이다. 이렇게 '생명 감수성'이 메마른 사회에 살면서 우리는 '인성 갈증'을 떠안고 살게 된다. 다른 사람에 대한 배려와 자비심이 책상 위 과제로만 굳어 가고 있는 것이다. 생명 감수성의 실종을 함께 걱정해야 할 이유다.

　자신을 이해해 주지 않는 세상에서 동물들을 이해하는 삶을 살아온 템플 그랜딘의 이야기에서 우리는 다른 사람들과 마음을 나누며 사는 삶에 대해서도 배울 수 있을 것이다.

 동물자유연대 대표 조희경

추천의 글

프롤로그	소는 나를 무서워하지 않는다	6
제1장	웃지도 않고 울지도 않는 아이	8
제2장	주머니 속의 가시	17
제3장	내가 누구지?	22
제4장	특별한 학교, 특별한 선생님	32
제5장	나는 소와 같아	41
제6장	다른 세상으로 나가는 문	49
제7장	소의 눈으로 세상을 보다	57
제8장	천국으로 가는 계단	64
제9장	불쾌한 일들 목록	70
제10장	그럼에도 불구하고	77
제11장	사랑은 무언가를 자라게 해	80

소는 나를 무서워하지 않는다

축축한 코와 새카만 입술, 파르르 떨리는 귀. 거대한 암소다. 암소 뒤로 보이는 하늘이 마치 사진처럼 그림처럼 선명하다.

찰칵.

가까이 다가온다. 거대한 암소가 더 거대해진다. 반짝이는 눈동자, 여물 냄새 나는 부드러운 숨소리. 따뜻한 입김이 가까워질수록 암소는 더욱 커진다.

찰칵.

찰칵.

찰칵.

나는 바닥에 드러눕는다. 암소가 조금 더 다가온다. 내 냄새를 맡는다. 그리고 혀를 내밀어 나를 살짝 건드린다. 얼마나 지났을까? 잠시 후 나를 핥기 시작한다. 얼마나 세게 핥는지 뺨이 얼얼하다. 그래도 나는 내버려 둔다.

혀가 얼굴에서 손으로 옮겨 간다. 나를 핥는 것이 무척 좋은가 보다. 아마 내가 조금 짭짤한 맛이 나서 그런 모양이다.

동물들은 새로운 일이 일어나는 것을 좋아하지 않는다. 하지만 호기심은 참 많다. 호기심을 갖는 것은 동물이 새로운 것에 대응하는 방식이다. 새로운 것은 모두 좋은 기회가 될 수 있다. 밤처럼 검

프롤로그

은 소에게 내가 어떤 기회를 줄 수 있는지는 모르겠다. 하지만 소들이 나를 무서워하지 않고 오히려 좋아한다는 건 알겠다.

그리고 여기 있으면 내 기분이 좋아지는 것도 알겠다. 블랙앵거스 암소 무리 속에 드러누워 있는 것은 재미있는 모험이다. 몸집이 큰 이 소들은 한 마리가 오백 킬로그램은 된다. 만약 소들이 흥분한다면 나도 이렇게 평온하게 있지는 못할 것이다. 나는 소들의 사진을 찍고 싶다. 하지만 소들은 내가 이상한 기계(카메라)를 들이대며 가까이 갈 때보다 자기들 사이에 누워 있을 때 훨씬 더 편안해한다. 기계가 무서운 모양이다.

제1장
웃지도 않고 울지도 않는 아이

바다는 넓고 깊으며 끊임없이 움직이면서 우리에게 말을 건넨다. 주황색 구명조끼를 입은 여자아이가 있다. 입을 꾹 다문 채 오르락내리락하는 파도에 흔들린다. 아이는 허리 위부터 물 밖으로 몸을 내밀고 안전하게 떠 있다. 아이는 평온하다.

아이는 소리를 지르지도 않고 물장구를 치지도 않고 사방에 물을 튀기지도 않고 웃지도 않는다. 아이는 여느 아이들이 그러는 것처럼 하지 않는다. 그냥 있을 뿐이다. 아이의 엄마도 아이와 똑같은 주황색 구명조끼를 입고 아이처럼 진지한 얼굴로 아이의 양팔을 잡고 아이를 바라본다. 바다는 이제까지 아이가 다닌 수영장과는 전혀 다른 크고 강한 소리를 낸다. 바다가 끊임없이 소음을 내지만 아이에게 참 평화로운 순간이다.

그런데 잠깐 엄마가 한눈을 판다. 엄마들은 가끔 그런다. 파도는 순식간에 엄마 곁에서 아이를 빼앗아 저 멀리 보낸다. 아이는 조금 떨어진 곳에 둥둥 떠 있다. 잠시 뒤에는 조금 더 멀리 가 있다. 엄마는 무슨 일이 일어났는지 그제야 알아챈다. 아니, 알아채기만 한 것이 아니다. 엄마들이 다 그렇듯, 아이의 엄마도 일어날지도 모르는 모든 일을 너무 성급하게 상상하고 소리를 지르며 아이 쪽으로 돌진한다. 물속에서 걷는 것은 쉽지 않다. 파도가 자꾸만 걸음을 방해한다. 엄마는 아이에게 닿지 못한다. 엄마의 마음은 아랑곳없이 파도는 점점 더 빨라지는 것만 같다.

해변에 있는 남자가 파도 위로 울려 퍼지는 엄마의 비명을 듣는다. 남자는 아이를 데려가는 파도를 본다. 잠시 후 남자가 물에 뛰어들어 아이가 있는 곳에 다다른다. 남자는 아이를 안고 해변으로 돌아와 엄마 품에 돌려준다.

아무 일도 일어나지 않았다. 하지만 엄마는 이 장면을 수천 번 생각할 것이고, 주황색 구명조끼를 볼 때마다 다시 떠올릴 것이다. 일어나지 않은 일, 일어나서는 안 되는 일을 생각하고, 다른 엄마들처럼 수천 번 스스로를 탓할 것이다. 엄마가 스스로를 용서하려면 백 년도 모자랄 것이다. 엄마도 그 남자처럼 할 수 있었다. 물속에서 어정쩡하게 걷는 대신 해변을 달릴 수도 있었다. 흥분하는 대신 파도를 타고 따라갈 수도 있었다. 하지

만 엄마는 아이에게 가지 못했다. 이런 일이 있을 줄은 몰랐다. 정말 이런 사고는 생각도 하지 못했다.

 그런 소란 가운데서도 아이는 그대로다.

 아이는 홀로 평온하고 조용하다. 소리를 지르지도 않았고, 엄마의 비명에도 동요하지 않았다. 한순간도 멈추지 않는 파도에서 아이는 꼼짝도 하지 않았다. 심지어 엄마가 자신을 꼭 끌어안았을 때도 떨지 않았다. 보통 아이들은 엄마가 겁에 질리면 그 분위기가 전염되어 무서워하는데도 말이다. 아이는 울지 않았다.

 템플 그랜딘이 아직 돌밖에 되지 않은 때 있었던 일이다.

 템플의 엄마 유스테시아는 첫 아이를 낳고 당황한 젊은 엄마였다. 아이들에 대해 아무것도 몰랐고, 모든 것을 새로 배워야 했다. 세상의 모든 엄마처럼 말이다. 주변에 아이가 있는 친구들이 많았지만 별 도움이 되지는 않았다. 템플이 다른 아이들처럼 행동하지 않았기 때문이다.

 템플은 달랐다. 물건을 움켜쥐지도 않고, 호기심도 없고, 소리도 지르지 않고, 웃지도 않고, 자기 머리카락이나 단추, 목걸이를 세게 잡아당기려고 하지도 않았다. 무엇을 입에 넣지도 않았다. 심지어 손가락 하나도.

 템플은 잠을 아주 많이 자고, 말은 하지 않았으며, 누군가를

만지거나 안으려 하지도 않았다. 안기지도 않았다. 유스테시아가 보기에 템플은 자기를 둘러싼 유리 벽을 만들고 그 속에만 온전히 갇혀 있는 것 같았다.

템플과 이웃집 아이 샐리가 모래를 가지고 노는 모습만 봐도 참 달랐다. 샐리는 양동이에 모래를 채우고 분무기로 물을 뿌렸다. 젖은 모래를 이런저런 모양의 틀에 눌러 담고는 콧노래를 부르며 틀을 뒤집고 조각을 만들었다. 샐리가 노는 모습에 어른들은 예쁘게 되었다고, 잘 만들었다고 칭찬했다. 그러면 기분이 좋아진 샐리는 또다시 모래로 무엇을 만들어 냈다.

하지만 근처에 앉아 있는 템플은 말도, 노래도 하지 않았다. 그저 모래를 한 줌 쥐었다가 손가락 사이로 흘려보내는 것만 반복했다.

"템플, 우리 케이크 만들까? 잘 봐. 이렇게 하는 거야."

엄마가 템플에게 다가가 틀 하나를 집어 모래를 채운 후 뒤집어 놓았다. 하지만 템플은 꿈쩍도 하지 않았다.

유스테시아는 한숨을 쉬며 샐리 엄마에게 물었다.

"템플은 왜 샐리처럼 하지 않을까요?"

"잘 모르겠어요. 샐리가 템플보다 조금 더 크긴 하지만 샐리처럼 해야 정상인 것 같아요. 그래도 보통 두 살짜리 아이들은 같이 잘 안 놀아요. 대신 서로 보고 따라 하기는 해요. 한 아이가 하는 일을 다른 아이도 하는 거죠."

샐리 엄마와 유스테시아는 아이들을 물끄러미 바라보았다. 템플은 여전히 손바닥 위 모래에서 눈길을 떼지 않았다.

"템플은 먼저 말하는 법을 배워야 할 것 같아요."

샐리 엄마가 유스테시아에게 넌지시 말했다. 두 살인 템플이 아직 말을 하지 않았기 때문이다. 템플은 말하는 대신 소리를 질렀다. 말이 빠져나올 길 없는 말더듬이라는 거대한 감옥에 영원히 갇혀 있는 것처럼 보였다. 감옥에 갇힌 말들을 밖으로 밀어내려면 소리라도 질러야 했다. 그것이 템플이 자신을 남에게 알리는 유일한 방법이었다.

템플은 남들과 닿는 것을 싫어했다. 아니다. 어쩌면 좋아했는지도 모른다. 하지만 막상 누군가와 몸 어딘가가 닿으면, 지나친 일인 것처럼 아프기라도 한 것처럼 굴었다.

템플은 다른 사람들이 모르는 것을 알고, 대신 다른 사람들이 아는 것을 몰랐다. 템플은 모래알 속의 비밀이 보였다. 모래알들을 보면서 몇 시간을 보낼 수도 있었다. 현미경으로 관찰하듯 알갱이 하나하나의 아주 미세한 차이까지 전부 살폈다. 하지만 사람들이 이야기할 때는 무슨 말인지 알아듣지 못했다. 무슨 비밀의 언어를 사용하는 것 같았다. 모르는 소리들이 너무 시끄럽게 들리면 몸을 좌우로 흔들거나 제자리에서 뱅글뱅글 돌았다. 그러다 현기증이 나면 세상과 차단되는 것 같고 편안해졌다.

"의사를 만나 보세요. 나쁠 건 없을 거예요."

샐리 엄마가 걱정이 많은 유스테시아를 위로하며 말했다.

유스테시아는 템플이 태어났을 때부터 다닌 소아과를 찾아갔다. 소아과 의사는 템플을 꼼꼼하게 살펴보았다.

"원하시면 종합병원으로 가 보셔도 됩니다. 하지만 제 생각에는 그저 어머님의 걱정이 지나친 것 같습니다."

종합병원에서 만난 의사는 템플을 진찰하고 별일 아니라는 듯 말했다.

"좀 이상해 보이긴 합니다만 잘 놀기만 하면……."

의사가 수납장에서 차곡차곡 겹쳐 놓은 여러 가지 색의 컵들을 꺼내 왔다. 의사가 말한 놀이는 이 컵들을 서로 주고받는 것이다.

"템플, 네가 내게 이걸 주고 나는 네게 이걸 주는 거야."

유스테시아는 당황했다. 다른 놀이들과 별다를 것이 없어 보이고 이미 자신도 템플과 해 봤기 때문이었다. 집에 와서도 여러 번 이 놀이를 하자 템플이 호기심을 보이는 것 같았다. 그러나 여전히 말은 하지 않았다.

세 살이 되어 갈 무렵 템플이 처음으로 웃었다. 폭발하듯 터진, 무척 과장되고 크고 끝없이 계속되는 웃음이었다.

남다른 템플의 웃음에 당황한 아빠 리처드는 화를 버럭 냈다.

"애가 너무 늦되잖아! 당신도 알면서 인정하지 않으려는 거야!"

사람들은 여자 아기는 귀엽고 상냥하고 순종적이기를 바란다. 템플은 푸른 눈에 금빛 곱슬머리를 가진 예쁘고 귀여운 아이였다. 하지만 절대 상냥하거나 순종적이지는 않았다. 자기가 하고 싶은 것만 하고 남들이 기대하는 것은 하지 않았기 때문이다.

"늦된 게 아니야."

유스테시아는 슬프고 화가 나서 소리쳤다.

"맞다니까. 당신은 그 사실을 감당하기 싫은 거야."

"늦된 거라고 쳐. 그래서 어떻게 할 건데? 상자 속에 넣어서 내버리기라도 할 거야?"

유스테시아와 리처드는 여느 아이들과 조금 다른 아이 템플을 두고 자주 싸웠다.

템플은 혼자서 잘 놀았다. 카펫 위에서 신문을 갈기갈기 찢어 동그랗게 말았다가 손을 다시 펼쳐 본다. 종잇조각들을 공중에 던졌다가 천천히 내려오는 모습을 바라보기도 했다. 템플은 신문의 검은 잉크에 온통 더럽혀진 채로 자신만의 놀이에 빠졌다.

유스테시아는 그 옆에서 바흐의 곡을 피아노로 연주했다. 그러다 색색의 컵을 가지고 템플과 놀아 보려 했다.

"템플, 컵 주고받기 놀이 할까?"

템플은 엄마에게 눈을 돌려 함께 노는 듯하더니 이내 다시 자기 놀이에 집중했다. 유스테시아는 템플을 그대로 두고 피아노

를 다시 연주했다. 그런데 신문지를 가지고 놀면서 템플이 콧노래를 부르기 시작했다. 방금 들은 피아노곡의 멜로디를 콧노래로 반복하는 거였다. 유스테시아는 기쁨과 안도로 가슴이 벅차올랐다. 그러니까 남편이 틀렸던 거다. 사람들 모두 잘못 생각한 거였다.

　하지만 언제나 템플에게서 기쁨을 느낄 수 있는 것은 아니었다. 템플은 자기 방 벽에 붙은 라일락 꽃무늬 벽지를 뜯었다. 아기 토끼 무늬 천이 씌워진 매트리스도 조각냈고, 매트리스 속 솜을 입에 넣고 씹다가 뱉었다. 스스로 만족해서 웃다가 또 뱉었다. 그만두게 하려 했지만 소용없는 일이었다. 장난감, 쿠션, 옷가지 등 방에 있는 모든 것을 가져다 한쪽 구석에 던져 놓기도 했다. 유스테시아가 템플을 진정시키려고 양팔을 잡아 품에 꼭 안으면, 템플은 생명을 잃은 것처럼 축 늘어져 모든 것을 포기한 채 헝겊 인형처럼 되어 버리곤 했다.

제2장
주머니 속의 가시

템플이 두 살 반이 되었을 때, 유스테시아는 템플과 '비슷한 문제가 있던' 남자아이를 가르쳐 본 가정교사를 만났다.

"전 어떻게 해야 할지 알 것 같아요. 실제로 전 그 아이를 돌보면서 좋은 성과를 거뒀거든요. 중요한 건 템플이 계속 무엇인가를 하게 만들어서 두 눈을 뜬 채 꿈을 꾸게 내버려 두지 말아야 한다는 거예요."

가정교사는 템플의 행동을 '눈을 뜨고 꿈을 꾼다'고 말했다. 유스테시아는 이렇게 생각하는 것이 맞는지 모르겠지만 가정교사에게 템플을 맡기기로 했다.

이렇게 해서 가정교사가 템플네 집에서 지내게 되었다. 가정교사는 템플의 집중력이 떨어지거나 산만해지는 것을 그대로

두지 않고 끊임없이 놀이를 하게 했다. 색칠 공부, 모양 카드, 집 짓기. 모두 효과가 있었고, 가정교사는 언제나 템플에게 새로운 '할 것'을 주었다.

가정교사는 템플과 여동생을 같이 돌봤다. 두 아이 모두에게 관심을 주고 자상하게 보살폈다. 특별한 아이가 있는 가정에서는 특수교사가 형제, 자매까지 같이 돌보는 일이 흔했다. 나중에 템플에게 동생 둘이 더 생기고도 계속 함께 돌봤다.

가정교사의 놀이 덕분에 템플은 조금씩 나아지는 것 같았지만 세 살이 되어서도 아직 말을 하지 않았다.

소아과 의사가 병원에 입원해 검사를 받아 보라고 권했다. 검사는 열흘이나 걸렸지만 이 검사에서도 질병이나 비정상적인 진단이 나오지 않았다. 다만 템플의 언어 문제를 담당해 줄 교사가 있는 학교에 데려가라고 권유했다.

그다음 병원에 갔을 때는 정신과 의사를 만났다.

"자폐 증세를 보이네요."

템플을 검사한 의사가 말했다.

"내가 말했잖아. 애가 늦는다고."

"단순히 늦는 문제가 아니야."

템플의 엄마 아빠는 알 수 없는 병 때문에 또 다투었다.

당시, 그러니까 1950년대에 '자폐증'은 새롭게 만들어진 말이었고, 어떤 병인지 정확히 밝혀지지 않았다. 당연히 치료도 할

수 없는 병이었다. 이후 유스테시아는 템플을 집에서 멀리 떨어진 시설로 보내야 한다는 말을 수없이 들었다. 리처드는 문제를 해결하는 방법이라고 생각해 템플을 시설에 보내는 데 찬성했다. 하지만 유스테시아는 절대 그럴 수 없었다. 유스테시아는 템플과 떨어져 살 생각이 전혀 없었고, 문제가 있는 아이라고 생각하지도 않았다. 그저 조금 다른 아이일 뿐이라고 생각했다. 유스테시아는 템플을 본 수많은 의사 중 한 명이 조언한 대로 아이의 본능에 맡기기로 했다.

당시에는 자폐증의 원인이 냉정하고 차가운 엄마가 아이와 교감하지 못하는 데 있다고 생각했다. 즉, 다정하고 따뜻하게 보살핌을 받지 못한 아이가 혼자만의 세계에 고립되는 것이라고 보았다. 한참 뒤에야 자폐증은 부모의 냉정함이나 무관심 때문이 아니라 비정상적인 신경계 때문에 일어나는 질병이라는 점이 밝혀졌다. 아이가 엄마를 거부하고 누군가와 몸이 닿는 것을 꺼리는 증상은 독특한 신경계가 작용했기 때문이다. 그 결과 아이는 자신만의 세상에 갇히게 된다.

하지만 유스테시아는 아이가 다르게 태어난 것이 자신의 탓인 것만 같았다.

'템플은 아름다운 아이지만, 불안한 아름다움이에요. 아직 말도 하지 않고 저도 쳐다보지 않으려고 해요. 날 못 본 척할 때는 마치 저 멀리에 있는 자기만의 세상에 빠져 그곳을 바라보고 있

는 것 같아요. 지금은 아주 어릴 때처럼 자기 대변을 가지고 놀지는 않지만 아직도 차마 보기 힘든 일을 할 때가 많아요. 어떤 때는 말릴 수 없을 정도로 웃거나 침을 뱉어요. 그 뒤처리와 청소는 내가 다 하는데 템플이 빠진 그 매력적인 세상에는 가 볼 수가 없네요.'

  템플이 뒷걸음쳐 숨는 곳은 어쩌면 매력적인 세상이 아니었을지도 모른다. 어쩌면 그곳에서 나오고 싶은데 방법을 몰랐던 것일지도. 어쨌든 유스테시아와 템플 사이에는 공간이 있었다. 공간은 아주 거대해 보였지만 유스테시아는 분명히 극복할 수 있다고 생각했다. 유스테시아에게 멈추지 말라고, 시도하고 또 시도하라고, 지치지 말라고, 템플이 혼자만의 세상에 갇혀 있게 내버려 두지 말고 무슨 수를 쓰든 바깥으로 이끌어 내라고 말해 주는 것은 본능뿐이었다.

  유스테시아는 『주머니 속의 가시』라는 제목으로 템플의 어린 시절 이야기를 담아 책을 썼다. 주머니 속의 가시를 무심코 건드리면 통증을 느끼게 되어 주머니 안에 무엇이 들었는지 생각하게 된다. 언제 상처 입을지 몰라 항상 긴장감으로 가득했던 템플의 어린 시절을 잘 나타내는 말이다. 템플의 남다름은 무방비 상태의 엄마와 이상한 딸에게 상처를 주는 가시였던 것이다.

제3장
내가 누구지?

템플이 언어에 문제가 있는 어린이들을 위한 교육원에 다니기 시작했다(템플은 언어가 문제가 아니었다. 그저 무엇인가가 없는 것이 문제였다). 한 반에 여섯 명뿐이었다.

템플은 여기에서도 집에서처럼 자기 세상에 웅크리고 있으려 했다. 두 눈을 뜬 채 꿈을 꾸고, 비밀 영화를 보듯 머릿속에 지나가는 이미지들을 보고, 또 보았다. 지도라도 보는 것처럼 손가락에 있는 지문을 뚫어져라 바라보고, 제자리에서 끊임없이 돌고 또 돌았다.

동전을 끝없이 회전시키는가 하면 나무로 만든 책상을 물끄러미 바라보았다. 모래밭에서 놀 때와 똑같았다. 몇 시간이고 그러고 있을 수 있을 것 같았다. 똑같은 부분이 하나도 없는 나뭇결, 그 매력적인 나뭇결을 연구하는 것처럼.

곁에서 보면 아이가 아니라 하나의 섬 같았다.

그런데 선생님은 냉정하게 템플의 턱을 잡고 자기를 보라고, 자기 말을 들으라고, 같이 하자고, 자기 말을 따라 하라고 말했다. 섬을 묶어 두려면 강해야 할 필요가 있다. 강하고 단호하게. 그게 효과가 있었다.

집에 돌아오면 가정교사가 템플을 계속 바쁘게 만들었다. 공놀이, 인형놀이, 기차놀이 등 이런저런 놀이에, 추워지면 스케이트나 썰매도 탔다. 템플의 집은 미국 동부 해안에 있어 겨울이면 눈이 아주 많이 왔다. 이렇게 해서 템플은 자신의 세계로 미끄러져 들어갈 틈이 없었다. 이것을 하고, 저것을 하고, 또 이것을 하고.

그리고 지켜야 할 규칙들도 있었다. 아이들이라면 누구나 배우는 규칙들이었다. 템플은 다른 사람들과 함께 있을 때나 식사 자리에서 어떻게 하는 것이 예의 바른 것인지 배웠다. 안전 규칙도 배웠다. 길을 어떻게 건너는지, 언제 가만히 있어야 하는지, 어디를 봐야 하는지, 언제 가야 하는지 익혔다.

다른 아이들과 다른 점은 이 규칙들이 여러 번, 아니 템플 머릿속에 새겨질 때까지 수도 없이 반복해야 한다는 것이었다. 하지만 결국 그 규칙들은 확실하게, 의심할 여지 없이 템플의 머릿속에 새겨졌다. 이렇게 템플은 다른 사람들과 함께 사는 법을 천천히 배워 나갔다.

다른 아이들처럼 템플도 유치원에 다녔다.

템플이 수업에 참여하기 전날, 유스테시아가 교실에 가서 다른 아이들과 이야기를 나누며 새로 온 친구를 도와줘야 한다고 설명했다. 효과가 있었다.

유치원에 다니면서 네 살이 되자 드디어 말하는 법을 배웠다. 그냥 단어 몇 개가 아니라 문장을 말할 줄 알게 됐다. 유치원에서 지켜야 하는 규칙도 배웠다. 예를 들면 무엇을 하든 자기 순서를 기다려야 한다는 것 같은 규칙, 다 같이 정한 규칙을 모두가 지켜야 한다는 것을 배운 것이다.

템플의 엄마 아빠는 템플을 특수 어린이를 대상으로 하는 캠프에 데려가 한 달 동안 지내기도 했다. 지도 선생님은 템플에게 여름이 끝날 무렵까지 최대한 많은 것을 배우겠다고 약속하게 했다. 그런데 정말 그렇게 되었다. 템플은 할 수 있는 한 많은 것을 배웠고, 가을에 학교에 들어갔다.

무슨 일을 해도 되는 날이 있고 안 되는 날이 있다. 어떨 때는 템플의 변덕이 너무 심해 학교에서 집으로 돌려보내기도 했다. 하루는 선생님을 물기도 했는데 정말 운 좋게도 선생님은 굉장히 인내심이 많은 분이었다. 그 선생님은 템플이 통제가 안 될 때마다 집으로 돌려보내고 템플이 없는 틈을 이용해 반 학생들에게 친구를 이해해 줘야 한다고 한 번씩 더 설명하곤 했다.

템플이 여덟 살이 되었는데도 읽기를 힘들어하자 유스테시

아는 또 한 번 새로운 길을 찾아냈다. 글 배우는 따분한 책을 보는 대신 매일 템플에게 『오즈의 마법사』를 읽어 주는 것이었다. 템플은 모험으로 가득한 이 책에 등장하는 인물들이 마음에 들었다. 그래서 더 많은 것이 궁금하고 호기심이 생겼다.

"엄마가 여기서부터 여기까지 읽어 줄게. 다음 부분은 네가 읽어. 알았지?"

엄마의 제안에 템플은 동의했다. 엄마는 가끔 차례대로 읽지 않고 두세 단락을 뛰어넘어 혼란스럽게 하기도 했다. 그래도 이야기는 점점 더 재미있어지고 템플의 열의도 점점 커졌다. 그리고 자기가 읽을 차례가 되면 이야기가 어떻게 끝나는지 무척 궁금해서 템플은 집중하고, 또 집중했다. 엄마가 들려주는 이야기를 듣고, 큰 소리로 단어들을 반복하면서 조금씩 조금씩 읽는 법을 익혔다.

그럼 이제 다 해결된 것일까? 아니다. 템플의 머릿속을 복잡하게 만드는 것들이 아직 산더미였다. 먼저 말을 할 때 확실하게 뜻을 알 수 없는 말들이 골칫거리였다. 예를 들면 '~이다', '이것', '그것', '그쪽 것', '~의', '무엇'과 같은 말들이다. 이런 단어들을 빼고 말해서 템플이 하는 말은 띄엄띄엄하고 이상하게 들렸다. 그리고 목소리 크기 조절이 잘 안되어서 말을 할 때면 항상 화가 나거나 소리를 지르는 것처럼 보였다.

템플은 머리 감는 것도 너무 싫어했다. 샴푸가 두피를 아프게

했기 때문이다. 일요일에 교회에 갈 때 입어야 하는 옷도 싫었다. 천이 몸을 찌르고 갑갑했다. 펑펑 터지는 풍선도 싫고 파티를 하는 아이들의 떠들썩한 소리도 미칠 것 같았다.

 템플은 선과 형광색, 슈퍼마켓의 슬라이드 문을 좋아했다. 템플에게는 '십자군 생쥐'라는 이름의 작은 동물 친구도 있었다. 템플의 가장 친한 친구 라이먼이 선물해 준 이 작은 친구는 템플 침대 바로 옆에 살았다. 템플은 라이먼과 자전거도 함께 타고 나무에도 함께 올라가서 놀았다. 가끔 진짜 십자군처럼 빨간 소독약으로 생쥐 친구의 등에 붉은색 십자가를 그려 주기도 했다. 생쥐 친구는 좋았지만 끈적이는 것들은 정말 싫었다. 과일 젤리나 계란이 덜 익었을 때 흰자 같은 것 말이다.

 우리 모두 싫어하는 것들이 있다. 우리와 템플이 다른 점은, 템플은 싫은 것이 있으면 끝없이 거부한다는 것이었다. 아니, 템플은 끝없이 소리를 질렀다. 굉장히 터지기 쉬운 폭탄처럼 예측할 수 없는 최소한의 자극에도 폭발할 준비를 하고 있는 것만 같았다.

 템플은 대신 잘하는 것도 많았다. 템플의 방에는 기계를 작동시키는 온갖 종류의 전선이 있었다. 템플은 전선과 비슷하게 생긴 실도 좋아했는데, 실로 하는 바느질도 무척 좋아하고 잘했다. 그래서 엄마는 템플을 옷가게에 보내 일을 시켰다. 템플은 옷가게에서 옷의 가장자리 단을 꿰매는 바느질을 했는데, 무척

잘해서 나중에는 돈을 받고 일했다.

템플에게는 '비츠반'이라는 이름을 가진 상상의 친구도 있었다. 템플은 동생들, 라이먼과 함께 방에 박스로 무대를 만들고 커튼으로 막까지 쳐 놓고 연극 공연을 했다. 연극에서 템플은 자신이 만든 모든 재앙의 주범인 비츠반 역할을 맡았다. 그리고 이야기 속 똑똑한 주인공들이 그러는 것처럼, 템플도 모든 책임을 자신이 떠안았다.

템플은 예술 쪽에도 소질이 있었다. 해변의 풍경을 수채화로 무척 아름답게 담아내고 초등학교 4학년 때는 점토로 멋진 말을 만들기도 했다. 학교에서 가장 좋아했던 건 실험을 하는 과학 시간이었다. 직접 도구를 만들어 체험하고 관찰하면서 배우는 게 재미있었기 때문이다. 5학년 때는 학교 연극 공연 의상을 만들기도 했다.

어느 날 템플은 기분이 좋아지는 '어떤 것'을 발견했다. 그것은 바로 무언가에 둘러싸여 있는 것이다. 몸이 꽉 조여져도 무엇인가에 둘러싸여 있으면 안정된 느낌이 들었다.

다른 사람들을 안거나 안기는 것은 여전히 싫었다. 하지만 묵직한 쿠션들을 덮고 있거나 누에고치처럼 이불로 몸을 감고 있는 것은 느낌이 좋았다. 템플의 꿈은 뚜껑이 있는 커다란 마법 상자를 갖는 것이었다. 원할 때, 원하는 만큼 부풀어서 사방에서 자신을 감싸는 상자. 어쩌면 템플은 포옹을 싫어하는 게 아

니었을지도 모른다. 어쨌든 템플은 자신이 누구와 어떤 식으로 닿을지를 스스로 결정하고 싶었다. 누구와 닿는지, 혹은 어떤 것과 닿는지가 중요했다.

어떤 아이든 허무맹랑한 구석이 있고 각자의 약점이 있다. 고집스러운 성격에 짜증이 많은 아이가 있는가 하면 조용하고 외로움을 많이 타는 아이도 있다. 그런 점에서 템플은 전혀 이상할 것이 없었다. 하지만 템플은 자신의 내면에 뭔가 문제가 있다는 것을 알고 있었다.

어느 날 템플이 엄마에게 물었다.

"왜 나는 달라요?"

자신이 다른 아이들과 다른지를 묻는 것이 아니라, 왜 다르냐고 물었다. 다르다는 것을 이미 알고 있었던 것이다.

"모르겠구나. 하지만 걱정하지 마. 우리 모두 달라. 우리는 모두 자기 안에 수많은 것들을 갖고 있거든. 아름다운 것도 있고, 인생을 복잡하게 만드는 것도 있지. 중요한 건 그런 것들에 휘둘리지 않아야 한다는 거야. 그러려면 내가 누구인지 깨달아야 해."

"알았어요."

엄마의 설명에 템플은 금방 대답했지만 그 말의 뜻을 제대로 이해하는 데는 아주 긴 시간이 필요했다.

비츠반과의 대화

"넌 누구야?"

"네 상상의 친구 비츠반이야."

"상상의 친구라는 게 있어?"

"당연히 있지. 지금 너와 함께 이야기하고 있잖아."

"여기서 뭐하는 거야?"

"내가 여기 있는 건 너를 위해서야. 난 네 말을 들어 줘."

"가 버려."

"왜?"

"난 널 좋아하지 않아."

"하지만 넌 날 항상 찾잖아."

"하지만 난 널 좋아하지 않아."

"왜?"

"사실 난 무슨 말인지 모르겠어."

"좋아하는 게 뭔지 모른다고?"

"그래."

"다른 사람들에게 관심을 가진다는 뜻이야. 그 사람들과 함께 있고. 그러니까 넌 나를 좋아하는 거야."

"아니야."

"맞아."

"아니라니까."

"맞다니까. 우리 놀이 하나 하자."

"무슨 놀이?"

"내가 숨으면 네가 나를 찾는 거야."

"그건 못 해. 넌 내 상상의 친구라며."

"그게 왜?"

"넌 없는 거잖아."

"하지만 지금 내가 네게 말을 하고 있잖아."

"너는 없지만 있기도 해. 넌 이상해."

"너도 이상해."

"알아."

"어쨌든 난 네가 좋아."

"내가 널 좋아하는 것 같아? 너 나를 놀리는구나."

"난 절대 널 놀리지 않을 거야. 난 네 상상의 친구니까."

"못 믿겠어."

"넌 믿고 있어. 내가 여기 있기를 바라는 건 너야. 그건 네가 나를 믿는다는 뜻이지. 그러니까 넌 날 좋아하는 거야."

"어째서?"

"좋아한다는 건 그런 걸 뜻하기도 해. 믿는 거."

"무슨 말인지 모르겠어."

"모든 것을 이해할 수는 없지. 중요한 건 존재한다는 거야."

제4장
특별한 학교, 특별한 선생님

중학교에 가서는 상황이 더 힘들어졌다. 템플은 불안과 두통, 복통으로 늘 고생했다. 긴장 때문에 생기는 증상이었다. 중학생이란 장난과 조롱으로 가득한 시기다. 모든 소녀들에게 힘든 시기일 것이다. 템플에게는 더더욱 그랬다.

"그땐 누가 날 놀릴까 봐 앞마당도 지나다니지 않았어요."

똑같은 문장을 여러 번 되풀이하는 습관 때문에 '녹음기'라는 별명이 생기고, 깡마른 몸 때문에 '해골'이라 불리기도 했다. 사람들과 마주칠 때마다 녹음기니, 해골이니 하는 소리를 들으면 당연히 기분이 좋을 리 없다.

템플은 아무도 자신을 좋아하지 않을까 봐 두려워했다. 누구나 무엇인가를 두려워한다. 늘 두려워하는 것도 있고, 갑자기 밀려오는 두려움도 있다. 예를 들면 벌레나 어둠, 그리고 사랑하는 사람들을 잃는 것, 그런 것들을 두려워한다.

그리고 그 두려운 것만 계속 생각하다 보면 모든 것이 멈춰 버릴 수도 있다. 템플도 두려울 때 얼어붙었다. 그러다가 가끔 그 두려움이 폭발하는 일도 있었다.

성탄절이 얼마 남지 않은 어느 날 저녁 전화가 울렸다. 템플은 전화기를 들고 거의 말을 하지 않고 듣기만 했다. 이윽고 통화를 끝내고 식탁에서 기다리던 가족들에게 돌아왔다. 그런데 템플의 얼굴이 창백했다.

"교장 선생님 전화예요. 제가 이 사회에 위협이 된대요. 그래서 방학이 끝나도 학교에 돌아가면 안 된대요. 그렇게 말하고 끊었어요."

엄마는 믿고 싶지 않았지만 정말이었다. 엄마는 학교에 면담을 신청했다.

"왜 템플이 학교에 다닐 수 없다는 거죠?"

"템플이 친구에게 책을 던졌어요. 우리 학교는 폭력적인 학생을 그대로 둘 수 없습니다."

그 친구가 먼저 템플에게 '지진아'라고 소리쳤단다. 처음 있는 일은 아니었다. 학교에서는 모든 아이가 템플의 모든 것을 두고 놀렸고, 아이들의 말이 템플에게 총칼이 되어 날아왔다. 다른 아이들은 말로 스스로를 방어할 수 있었지만, 템플은 분노와 좌절을 모두 자기 안에 가둬 둘 수밖에 없었다. 그러다가 어

느 순간 한꺼번에 터져 나오곤 했던 것이다.

"엄마, 나는 자라고 싶지 않아요."

템플은 엄마에게 이렇게 말한 적도 있었다. 어릴 때는 언제나 보호받았고 변덕이나 짜증도 받아들여졌으니까. 하지만 이제 템플은 엄마나 선생님이 따라다닐 수 있는 어린아이가 아니었다. 이유가 무엇이었든 책을 던진 것은 잘못이었다.

책 던지기 사건이 있은 후, 템플은 무엇인가를 해야 했다.

"조금 더 잘 맞는 자리를 찾아야 할 때가 왔군요. 자폐증이 사춘기와 맞물리면 정말 문제죠."

오래전부터 템플을 치료한 의사들이 유스테시아에게 병원과 연계된 새로운 학교를 추천해 주었다.

하지만 템플의 엄마는 그런 말을 듣고 싶지도 않았다. 왠지 템플이 그런 학교에 가면 연구 대상이 되거나 환자 취급을 받을 것 같았다. 유스테시아는 한적한 곳에 세워진 특수학교들과 믿음이 가는 학교 몇 곳에 직접 가 보기도 했다. 유스테시아와 리처드는 도시에서 멀리 떨어지지도 않고 의학 연구와도 상관없는 곳을 선택했다. 템플의 삶에 새로운 기회를 열어 준 이 특별한 학교는 성탄절 방학이 끝난 후 템플을 받아 주었다.

햄프셔 컨트리 스쿨은 푸른 초원과 숲에 둘러싸인 곳이었다. 소와 돼지, 말을 기르는 진짜 목장도 있는 학교다. 수업이 매우 실용적이고 야외 활동 시간이 상당히 많았다. 이 학교에서 템플

은 칼록 선생님을 만났다. 과학 교사인 칼록 선생님은 이 모난 성격의 소녀가 자신의 수업을 따라올 수 있고, 사람들이 흔히 보는 것 이상을 볼 수 있으며, 호기심 많고 대담하다는 것을 아주 일찌감치 파악했다.

"누구에게나 멘토가 필요해요."

템플은 자신의 어린 시절과 칼록 선생님을 떠올리며 이렇게 말했다. 우리는 내가 누구인지 알아보고 나 자신을 깨닫도록 도와줄 사람, 멘토가 필요하다. 템플에게는 칼록 선생님이 바로 그런 사람이었다.

칼록 선생님은 템플의 머릿속에 많은 것이 들어 있다는 것을 일찌감치 알아본 사람 중 하나였다. 우리 뇌 속이 전선과 회로로 연결되어 있다면, 템플의 뇌는 평범한 사람보다 훨씬 세밀하고 복잡하게 연결되어 있었다. 템플은 우리와 달랐다. 다른 것은 모자란 것이 아니다. 다른 것은 그저 다른 것일 뿐이다.

칼록 선생님의 수업은 매우 구체적이었다. 모형 만들기와 실험, 학습 놀이도 모두 수업이었다. 칼록 선생님은 템플이 친구들에게 놀림을 받을 때 도움을 주기도 했다. 쉽게 말로 막아 줄 수도 있지만, 칼록 선생님은 템플이 할 수 있다고 믿는다는 것을 보여 주어 용기를 북돋았다.

그 덕분에 예전에는 수많은 장난의 목표물이었던 템플이 이제는 친구들을 놀리고 장난도 쳤다. 손전등이 달린 종이 원반

같은 간단한 장치를 만들어 해가 졌을 때 재키와 베키 방 창문 앞에 매달아 두었다. 친구들은 감쪽같이 속았다.

"비행접시다! 비행접시야!"

재키와 베키가 비명을 지르면서 템플에게 달려왔다.

"템플! 너도 비행접시 봤어?"

"아니, 지붕에서 뭔가 떨어진 거겠지."

템플은 속으로는 너무 웃겼지만 아무렇지도 않은 표정으로 대답했다.

"아니라니까. 정말 비행접시였어, 비행접시였다고!"

재키와 베키가 흥분해서 소리를 질렀다. 템플은 딱 잡아떼고 계속 모른 척했다.

기숙사에 비행접시가 나타났다는 소문이 온 학교에 번졌다. 이후 몇 주 동안 비행접시는 몇 번 더 나타나고, 템플은 혼자 웃었다. 장난을 진짜로 믿게 만드는 데 성공했기 때문이었다. 친구들의 반응이 어떨지 머릿속으로 수도 없이 상상했는데 그게 실제로 일어났다. 게다가 이 장난은 또 다른 효과가 있었다. 템플이 재키와 베키에게 문제의 비행접시를 보여 주자, 셋은 다 함께 웃은 뒤 친구가 되었기 때문이다.

재키는 템플과 가장 친한 친구가 되었다. 재키와 템플은 취향이 비슷했다. 또래 친구들이 좋아할 만한 것을 좋아하지 않는 취향 말이다. 예를 들어 화장을 한다거나, 머리를 곱슬거리게

만다거나, 잘생긴 남자 배우들에게 열광하거나 멋진 남학생들 꽁무니를 따라다니는 것을 둘 다 싫어했다. 재키는 긴 생머리이고 템플은 귀까지 내려오게 일자로 자른 단발머리에 유행은 전혀 생각하지 않은 바지 차림을 좋아했다.

템플은 우습고 예측하기 힘들고 변덕스러우며 좋은 친구였다. 템플은 재키에게 고양이를 선물했다. 그 고양이가 새끼를 낳자 아기 고양이 형제들이 어미와 함께 아무 때나 드나들 수 있도록 기숙사 출입문과 창문에 고양이 전용 출입구까지 만들어 주었다.

템플에게는 동물 친구들도 있었는데, 햄프셔 컨트리 스쿨의 말들은 이 학교 학생들만큼 평범하지 않았다. 어디서 왔는지는 알 수 없지만 학대와 매질을 당하며 살다가 학교 목장에 오게 된 동물들이었다. 템플과 친구들이 모두 다르듯 말들도 모두 달랐다.

예를 들어 '레이디'는 암컷인데 울타리 안에 있을 때만 편안해했다. 레이디는 울타리 밖으로 나가는 것을 좋아하지 않아서 산책을 할 때 앞발을 들고 공격을 하기도 했다. 밖에 나갔다가도 고삐를 놓으면 제 마음이 편한 마구간으로 달려갔다.

'골디'는 누가 타려고 할 때마다 뒷발을 들고 날뛰었다. 그래서 혹시 누가 올라타는 데 성공해도 무서워서 진땀을 흘리곤 했다. 골디는 이전 주인들이 너무 단단한 재갈을 물려서 혀가 기

형이었다. 골디가 겁을 먹고 난동을 부리는 데는 다 이유가 있었던 것이다. 그러니까 억지로 등에 올라타려고 하지만 않으면 골디는 밝은 갈색 털에 황금색 갈기와 꼬리를 가진 아름답고 사랑스러운 암말이었다. 산책할 때 재갈을 물리지 않고 굴레만 씌워 나가면 아주 말을 잘 들었다.

'뷰티'는 골디와 달리 사람을 태우기는 하지만 등에 탄 사람을 물거나 걷어찼다. 마음만 먹으면 온몸을 무기로 사용할 수 있었다.

템플은 말들이 날뛰거나 물거나 걷어찰 만한 상황을 만들지 않았다. 이 동물 친구들을 얼마나 사랑하고 보고 싶었는지 시간이 날 때마다 마구간에 들렀다. 털을 빗질해 주고 여물통을 청소하는 등 사람들이 가장 하기 싫어하는 일들을 템플은 말들을 위해 기꺼이 했다.

이렇게 말을 좋아하는 템플에게 최고의 선물, 새 안장이 생겼다. 이제까지 불편한 학교 안장을 쓰다가 꼭 맞는 안장을 갖게 되어 무척 기뻤다. 새 안장을 얹고 레이디와 축제에도 나갔는데, 그 반항적인 레이디가 템플에게는 고분고분하게 등을 내주었다. 템플은 말과 자신의 안장에 집중하고 있으면 전에는 느껴 본 적이 없는 책임감 같은 것이 생겼다. 자신의 상황과 관련된 모든 문제가 안장 속으로 사라지는 것 같았다. 템플은 안장에 앉아 있는 게 정말 좋았다. 말의 움직임을 몸으로 느끼고 말

과 함께 걷고 달렸다. 말을 타고 전속력으로 달릴 땐 기분이 좋았고, 그렇게 달리고 나면 마음이 차분해졌다. 빠른 속도를 즐기는 것은 어쩌면 너무 위험한 일일 수도 있었다. 하지만 정말 좋았다.

　그렇다고 템플이 항상 좋은 상태만 유지할 수 있게 된 것은 아니었다. 수많은 것들을 감지하는 능력과 항상 지나치게 또렷한 감각이 사춘기와 함께 더 예민해지고 비뚤어지기 시작한 것이다. 세상에서 전달되는 이미지와 감각들이 템플을 포위해 압박하고 숨 막히게 하기 때문이었다. 그 모든 느낌의 소용돌이 때문에 공황 발작이 일어나기도 했다. 템플은 끝없는 경계 상황 속에서 한시도 긴장을 늦출 수 없었다. 그렇다고 안정을 찾기 위해 매번 말에 올라 달릴 수는 없는 노릇이니까.

제5장
나는 소와 같아

템플은 여름이면 애리조나에 있는 목장으로 휴가를 갔다. 새아버지의 누이인 앤 고모네 목장이었다. 템플에게는 이것이 기회였다. 좋아하는 동물들과 계속 가까이서 지낼 수 있고, 무엇보다 템플이 아주 잘하는 일, 즉 두 손과 타고난 재주를 이용해 무엇인가를 만드는 일을 할 수 있는 기회 말이다.

템플의 재주는 불편함을 알아보는 능력에서 시작된 것이다. 이 능력은 목장에 도착하자마자 발휘되었다. 고모네 목장은 차를 타고 들어가야 했는데, 목장 입구 문이 템플의 마음에 걸렸던 것이다. 차에서 내려 문을 열고 다시 차에 타서 운전해 문을 통과한 다음 내려서 문을 닫아야 했는데, 다른 사람들은 참아 낸 불편함을 템플은 지나치지 않았다. 템플은 차에서 내리지 않고도 문을 열고 닫을 수 있는 자동문을 설치했다. 복잡한 구조는 아니었지만 고모와 고모부의 불편함을 해소하기엔 충분했다.

어느 날, 차를 타고 다른 목장 근처를 지나다 템플은 신기한 장면을 보았다. 사실 템플이 본 장면은 평범한 가축 사육 방법이어서 신기할 것이 전혀 없었다. 보통 소에게 예방 접종을 할 때 소가 얌전히 있도록 V자 모양의 작은 우리 같은 곳에 들여보낸 후 하는데, 템플에게는 그것이 너무 이상해 보인 것이다.

"차 좀 세울 수 있어요, 고모?"

"그럴까?"

템플은 소들과 신기한 우리를 자세히 살펴보고 싶었다. 잠시 후 템플과 앤 고모가 예방접종을 기다리는 소들 곁에 다가가자 소들은 불쾌한 듯 소리를 지르며 펄쩍펄쩍 뛰었다. 하지만 일단 칸막이 같은 작은 우리 속으로 들어서면 무슨 마법이라도 걸린 것처럼 얌전해져서 줄을 섰다. 그래서 수의사가 펄쩍거리는 소에게 다가가 억지로 붙잡지 않고도 주사를 놓을 수 있었고 소의 발에 차일 위험도 없어 보였다.

템플은 이 모습을 지켜보면서 소들이 주사 맞는 것을 두려워하는 것은 아니라는 사실을 깨달았다. 그렇게 덩치 큰 소들에게 작디작은 주사 바늘은 거의 아프지 않았을 것이었다. 소들이 흥분하는 이유는 목장의 혼란과 소음, 카우보이들의 부산한 움직임과 같은 예상치 못한 분위기 때문이었다. 사람 입장에서는 소

가 겁먹을 상황이 아니었지만, 템플 눈에는 소들이 불편한 이유가 보였다. 템플은 칸막이 우리 안에 들어간 소들이 편안해하는 것이 신기했다. 사실 이 우리는 바깥 환경을 차단해서 소들의 두려움을 없애는 효과를 내는 것이었다. 동물은 우리 안에 들어가 있으면 안겨 있는 느낌을 받아 편안해 한다. 그래서 스스로나 주변 사람들, 혹은 동물들에게 해를 가하지 않고 고분고분해지는 것이었다.

템플은 소들이 주사 맞는 것을 끝까지 지켜보았다.

"고모, 저도 저기 들어가 보면 안 될까요? 꼭 들어가 보고 싶어요."

뜻밖의 부탁이었지만 고모는 템플이 조금 전까지 소들이 주사를 맞던 우리에 들어갈 수 있도록 도와주었다.

템플은 우리 안에서 30분이나 있었다. 그리고 아주 편안한 얼굴로 나왔다. 이후 고모네 목장에서 지내는 내내 템플은 마음의 안정이 필요할 때마다 이 우리를 이용했다.

템플은 두꺼운 이불로 온몸을 감싸고 있을 때나 무거운 쿠션에 눌려 있을 때의 느낌이 좋다는 것을 알고 있었다.

'저런 장치가 나한테도 효과가 있을까? 효과가 있는 게 맞다면 나에게 맞는 장치를 만들어야겠어.'

가능성이 있다고 확신한 템플은 예방 접종용 우리와 비슷하지만 자신의 몸에 꼭 맞춘, 자신만의 우리를 만들어 보기로 했

다. 템플이 원하는 것은 몸을 꼭 눌러 주고 기분 좋게 만드는 압력이었다. 사람들은 보통 포옹으로 그런 효과를 누리지만 템플은 자신이 두려움을 느끼는 신체적 접촉을 하지 않고도 포근함을 느끼고 싶었다. 실제 우리가 사는 세상에서는 그런 물건이 존재하지 않으므로 템플이 직접 만들어야 했다.

합판 두 장을 연결해 세워 놓으니 일단 기본적인 형태가 완성되었다. 안으로 들어갈 때는 기어야 하고 들어간 다음 줄을 조절해 합판 사이의 간격을 좁히도록 만들었다. 그러면 안에 들어 있는 사람은 샌드위치 속에 끼워진 것처럼 점점 눌리게 되는 구조였다.

템플은 그 안에 들어가 있으면 기분이 좋았다. 자신이 만든 기계적 포옹 속에서 템플은 안정과 휴식을 얻었다. 그 안에 들어갔다 나온 후에는 훨씬 차분해져서 바깥세상과 마주할 수 있었다. 소들이 차분히 주사를 맞는 것처럼.

"앤 고모는 항상 제가 하고 싶은 대로 하도록 허락하고 지켜봐 주셨어요."

다른 사람이 보기에는 이상한 아이 템플을 앤 고모는 이상하게 보지 않았고, 템플이 목장에서 지내는 동안 무엇을 하든 허락해 주고 지켜봐 주었다. 이 이상한 장치의 경우에도 앤 고모는 템플이 원하는 대로 하게 해 주었다.

방학이 끝나고 학교로 돌아갈 때 템플은 자신을 평화롭게 해 주는 포옹 기계를 가지고 갔다. 그러나 그렇게 기괴한 물건이 사람들의 관심을 피해 갈 리 없었다. 친구들도 다 비웃었고, 심리학 선생님도 어처구니없고 이상한 장치라고 말했다.

"그런 이상한 물건을 기숙사에 들여놓는 건 허락할 수 없다."

학교에서는 템플이 만든 포옹 기계를 내다 버리도록 했다. 템플은 사람들이 자신과 포옹 기계를 이해하지 못하는 것에 화가 났고, 화가 났을 때 안정을 줄 포옹 기계를 가질 수 없는 것도 화가 났다. 화가 나서 어쩔 줄 모르는 템플에게 칼록 선생님이 말했다.

"포옹 기계를 갖고 싶다면 그게 너를 편하게 만든다는 걸 증명해야 해. 또, 그 장치가 왜 너를 그렇게 편하게 만드는지 알고 싶다면, 공부하고 분석하고 연구하고 실험을 해야 돼."

그 말에 템플은 더 나은 포옹 기계를 만들기 위해, 그리고 그 장치가 가진 효과가 무엇인지 알아내기 위해 연구를 시작했다.

이렇게 해서 장애에서 도전이, 새로운 계획이 탄생했다. 이미 과학 분야에서 상당한 재능을 보인 템플이 이제 본격적으로 연구에 매달릴 구실다운 구실을 찾게 된 것이었다.

템플에게는 책 자체가 그렇게 흥미롭지는 않았다. 그저 잘 모르는 것, 자신의 삶에 중요한 무엇인가를 알아내는 데 필요하기 때문에 관심을 갖게 된 것이다. 템플은 당시를 떠올리며 이런

이야기를 했다.

"칼록 선생님은 내가 어떤 물건에 빠져 있을 때, 거기에서 추상적인 개념을 떠올릴 수 있도록 해 주셨어요. 제가 더 많은 것을 알고, 연구하고 싶게 만드셨고요. 제가 친구들에게 포옹 기계를 실험하기로 한 것은 칼록 선생님 덕분이었죠. 다른 사람들에게는 어떤 효과를 내는지 보고 싶었어요."

템플은 참을성을 발휘해 전보다 훨씬 정밀한 '압착기(템플이 그 장치에 붙인 별명)'를 만들어 냈고, 이것을 대학에 다닐 때도, 그 이후에도 어디를 가든 계속 가지고 다닌다. 지금도 템플의 집에는 최초로 만든 포옹 기계의 손자뻘 되는 압착기가 있다. 압력을 최대한 신중하고 미세하게 조절할 수 있는 장치가 달린, 1세대 압착기보다 훨씬 더 발전된 모델이다(오늘날 자폐 환자를 치료할 때 실제로 이런 비슷한 장치를 사용한다). 템플은 지금도 필요할 때 이 기계 안에 들어간다. 한 번 들어갔다 나오면 모든 것이 좋아지는 기분이다.

처음 만든 압착기는 템플에게 여러모로 도움이 되었다. 원하는 만큼 포근하고 기분이 좋았고, 이런 효과에 몸을 맡기고 있는 그 짧은 시간 동안 템플은 고양이를 다정하게 쓰다듬는 법도 배웠다.

고양이는 낯선 사람과 처음 만났을 때는 못 미더워하다가 조금씩 다가가 쓰다듬어 주면 좋아한다. 템플이 압착기에 몸이 죄

일 때 기분이 좋아지는 것과 같았다. 템플은 고양이를 쓰다듬으면서 쓰다듬는 행동을 하는 사람이나 받는 사람 모두가 기분이 좋다는 것을 알았다. 그리고 상대방에 대한 호감이 전염이 돼 본인에게 되돌아오면서 관계가 만들어진다는 것을 알게 되었다.

템플에게 다른 사람과 다른 점이 있다면 자신이 고양이와 비슷한 존재가 되는 것을 두려워하지 않는다는 것이다. 어떤 의미에서 보면 우리 모두 동물과 닮았다. 여우처럼 호기심이 많고 고양이처럼 낯을 가리고 때로는 늑대처럼 공격적이기도 하고 개처럼 충직하기도 하다.

템플은 자신이 동물 같다고 느낀다. 압착기에서 편안함을 느끼는 것 말고도 생각보다 훨씬 더 많은 부분이 소와 닮았다. 그리고 템플은 소와 닮은 것이 부끄럽지 않았다. 오히려 동물들의 머릿속으로 들어가 동물들이 보고 느끼는 세계를 자신도 경험할 수 있었다. 이러한 경험은 템플의 미래를 설계하는 출발점이 되었다.

제6장
다른 세상으로 나가는 문

현실은 극복해야 할 장애물로 가득하다. 한 문제를 해결하면 또 다른 문제가 찾아온다.

집에서 방학을 보내던 어느 날이었다. 템플은 엄마와 함께 주방 벽을 새로 꾸몄다. 원래 손으로 하는 일을 좋아하는 템플은 열심히 엄마를 도왔다.

"엄마, 벽이 남았는데 나무판자가 두 개 모자라요."

그때 엄마는 사다리 꼭대기에서 천장에 소리를 흡수하는 판을 붙이고 있었다. 엄마는 천장 일을 멈출 수 없었고, 템플에게 심부름을 시켰다.

"차 타고 상점에 가서 나무판자 좀 사 올래?"

"못 해요."

템플은 그때까지 한 번도 혼자서는 상점에서 물건을 사 본 적이 없었다. 낯선 사람들과 만나거나 모르는 사람들과 말하고 해 본 적이 없는 일들을 하는 것이 너무 싫었기 때문이다.

"왜? 넌 할 수 있어. 지금 네 손은 놀고 있고, 다른 일들은 다 끝났잖아."

"못 해요. 생각만 해도 긴장돼요. 결국 전 울고 말 거예요. 그럼 계산대에 있는 청년이 절 어떻게 생각하겠어요?"

"계산하는 청년이 무슨 상관이야? 그 청년은 한 번 보고 말 사람이잖아. 울고 싶으면 울어도 돼. 하지만 나무판자는 네가 사 와야 해."

템플은 하는 수 없이 집을 나섰다.

템플이 나가는 것을 보며 엄마는 템플에게 너무 냉정하게 말한 것이 마음에 걸렸다.

'내가 너무 어려운 일을 시킨 걸까? 별일 없겠지?'

걱정스러운 마음에 30분이 백년처럼 느껴졌다. 밖에서 자동차 소리가 들리자 엄마는 사다리에서 내려와 밖으로 나갔다. 자동차 짐칸에 나무판자 두 개가 매달려 있다.

템플은 붉어진 얼굴로 차에서 내렸다.

"어떻게 됐어?"

"울었어요. 엄마가 울어도 된다고 했잖아요. 하지만 샀어요, 나 혼자 나무판자를 샀다고요!"

누구나 수많은 과정을 거치면서 성장하기 마련이고, 템플도

그 과정들을 통과하려면 직접 보고 경험해야 했다.

이제 햄프셔 컨트리 스쿨을 떠나야 할 때가 되었다. 언제까지고 여기에만 있을 수는 없었다. 대학에 갈 때가 된 것이다. 템플은 칼록 선생님과 사랑하는 말들, 그리고 자신이 아는 모든 것들과 작별해야 하는 것이 너무 싫었다. 모르는 사람들을 만나는 것도, 처음부터 다시 시작하는 것도 싫었다.

학교 밖으로 나가면 템플은 이상한 소녀였다. 등을 구부린 채 걷고, 표정도 없이 지나치게 큰 소리로 말하는.

아마 새롭게 만나는 사람들마다 문제가 생길 것이었다.

햄프셔 컨트리 스쿨 기숙사의 천장 한쪽에는 작은 문이 하나 있었다. 그 문을 열고 위로 올라가면 어디로 통하는지 아무도 몰랐다. 템플은 그 작은 문에 완전히 정신이 팔렸다. 문 저편에 무엇이 있는지 너무 궁금했다.

템플은 어느 날 결국 그 문을 열고 나갔다. 이윽고 템플은 경사진 지붕 위, 학교 건물 꼭대기에 섰다. 템플의 머리 위에는 별이 총총 박힌 검은 하늘이 펼쳐져 있었다. 너무 높아 조금 무서웠지만 밤하늘이 아름다워 두려움도 금방 사라졌다.

그때부터 템플에게 문을 통과하는 일은 스스로에 대한 걱정과 불안이 가득해도 또 다른 삶을 위해 한 걸음 더 움직일 준비를 하는 것과 같았다. 템플은 1968년 10월 4일 저녁 일기에 이런 글을 썼다.

'오늘 저녁 나는 그 작은 문을 열고 나갔다. 문을 들어 올리자 내 눈앞에 달빛을 받아 반짝이는 지붕이 드넓게 펼쳐졌다. 하지만 나는 그 문밖에 있는 것들이 너무 두렵고 걱정스럽다. 그 문은 위험하다. 만약 그 문이 영원히 잠기면 내 감정을 분출할 구멍도 사라지는 셈이기 때문이다. 그 문은 하나의 상징일 뿐인데, 일단 열면 내 두려움들이 일어나기 시작한다. 문을 통과하는 일은 사람들 때문에 생긴 내 근심과 맞서는 나만의 방법이다.'

템플은 모든 삶의 변화가 도전이고, 그 도전은 수많은 위험을 거치면서도 꿋꿋하게 달려가 열어야 하는 문이라는 것을 깨달았다.

'가끔 어떤 문을 통과해야 할 때 내 앞에 사자가 있는 것 같다. 그럴 때는 심장이 뛰는 속도가 빨라지고 땀이 난다.'

스스로를 극복하지 않으면 앞으로 나아갈 수 없다는 사실을 템플은 알게 된 것이다.

템플은 햄프셔 컨트리 스쿨을 졸업하고, 프랭클린 피어스 대학에서 심리학 공부를 하기로 했다. 졸업 성적은 2등이었다.

새로운 학교의 장점 중 하나는 햄프셔 컨트리 스쿨과 가깝다는 것이다. 그래서 템플은 주말에 칼록 선생님을 계속 만나 함께 압착기를 완성할 수 있었다. 완성된 새 압착기는 몸에 닿는 부분에 푹신한 충전재를 써 조이는 느낌이 전보다 훨씬 섬세하고 부드러워졌다. 템플은 이 압착기와 그 누르는 효과에 관한

내용을 대학 심리학 논문의 주제로 삼았다.

압착기에 대한 논문을 쓰는 것은 실험적인 일이었다. 템플은 기계가 다른 사람들에게도 똑같은 효과를 주는지 알아보려고 친구들에게 압착기를 사용하게 했다.

"한번 해 볼래?"

"아니, 그거 너무 이상하게 생겼는걸."

친구들은 처음에는 거절했다가 나중에는 약간 얼떨떨하지만 재미있어하면서 압착기에 들어갔다. 어떤 친구는 아무런 차이를 못 느끼겠다고 했다. 하지만 열 명 중 여섯은 기계가 정말 마음을 안정시키는 효과가 있다고 말했다. 압착기의 효과를 밝혀 낸 것이었다.

이 실험과 논문으로 템플은 400명 정원인 과에서 2등으로 학기를 마쳤다. 단순히 성적이 우수한 것을 떠나 자신이 원하던 공부를 했다는 점에서 더 의미가 있었다.

템플은 햄프셔 컨트리 스쿨에 있을 때 천장 문 밖으로 나가 새로운 것에 도전하는 마음을 다잡았는데, 대학에 와서도 그런 문을 발견했다. 템플은 여러 번 그 문을 드나들며 새로움에 도전했다. 그리고 졸업을 할 때는 또 다른 문을 발견했다. 지식의 정상으로 또 한 번의 중요한 발걸음을 옮긴 것이다. 템플의 일기에는 이런 내용이 적혀 있다.

'1970년 4월 22일. 오늘은 프랭클린 피어스 대학 과정이 모두 끝나고 도서관 쪽문을 통과할 순간이 왔다. 나는 지금 후배들이 발견하게 될 메시지를 뭐라고 남길지 고민 중이다. 나는 계단 꼭대기에 올랐고, 학위에서는 가장 아래 칸에 있다. 도서관 건물 지붕은 캠퍼스에서 가장 높은 곳이니까 나는 지금 최대한 높이 올라온 것이다. 나는 이 대학의 정상을 정복했다. 그러나 아직 도전해야 할 더 높은 곳들이 있다.'

다음에 도전해야 할 산은 동물학 석사 과정이었다. 템플은 애리조나 주립대학교에 진학해 경사지에서 가축의 행동과 차단 사육 시설에 관해 연구하기로 결심했다. 그러나 템플이 찾아간 동물학 교수는 템플의 프로젝트를 거부했다.

"누가 그런 걸 연구하나? 다시 말도 꺼내지 말게."

하지만 이제 템플은 새로운 문을 여는 데 있어서는 최고가 됐다. 그리고 어떨 때는 고집스럽기까지 했다. 동물학 교수가 템플의 연구 계획을 무시했지만 템플은 이에 굴하지 않았다. 그리고 누가 봐도 유별난 '동물의 행동'이라는 주제를 들고 산업디자인학과에서 동맹자를 찾았다. 그리고 결국 찾아냈다. 산업디자인학과의 두 교수가 템플의 연구를 같이 하겠다고 나서서 템플에게 용기를 북돋아 주었다.

연구를 위한 문을 연 템플 앞에 또 다른 문이 나타났다. 그런데 이번 문은 맞서기가 어려웠다. 선택하거나 피할 수도 없었

다. 그 문은 학생들끼리 돌아가면서 청소하는 식당 자동문이었기 때문이다. 이 문을 닦으려면 자동문과 바깥쪽에 있는 문 사이에 서야 했는데, 자동문이 닫히면 템플은 그 사이에 갇히고 마는 것이었다. 하지만 답답하고 두렵다고 해서 자동문을 박차고 나갈 수는 없었다. 유리문에 손상을 주지 않으려면 조심스럽게 열어야 했다.

'사람들과의 관계도 마찬가지다.'

템플은 문을 청소하다가 당황스러운 경험을 한 후 그런 생각을 하게 됐다.

'인간관계도 깨지기 쉽기 때문에 아주 신중해야 한다. 내가 두 개의 유리문 사이에 갇혀 있는 동안, 유리 너머에 있는 그 누구와도 의사소통을 할 수 없었다. 자폐인들이 바로 그렇다. 유리 뒤에 갇혀서 저 너머에 있는 사람과 말을 할 수 없다. 다른 사람들에게 가려면 아주 신중하고 조심스럽게 움직여야 한다. 유리문을 깨지지 않게 열고 나와야 할 때처럼 말이다.'

제7장
소의 눈으로 세상을 보다

템플의 연구는 주로 목장에서 이루어졌다. 간단히 생각하면 동물을 사육하는 일을 연구하는 것이었다. 템플은 기회가 있을 때마다 카우보이 무리에 섞여 소들을 지켜보았다. 그곳에서 일어나는 일들을 관찰하고, 평가했다. 그리고 자신만의 특별한 방식으로 사물을 보고 느끼고, 그 모든 것을 머릿속에 담아 두었다. 템플은 특별한 기억법에 대해 이렇게 설명한다.

"전 머릿속으로 영화를 봐요. 사물이 제 기억 속에서 영화의 한 장면처럼 깜빡거리죠. 예를 들어 종을 생각하면 제가 아는 모든 종들이 눈에 보여요. 사진을 모아 놓은 앨범을 한 장씩 넘기면서 볼 때처럼요. 고양이를 생각하면 제가 봤던 고양이들이 모두 떠오르고요. 고양이에 대한 추상적인 개념을 생각하지 않아요. 구체적으로 생각하죠. 시각적으로, 그림으로 생각하는 거예요."

템플은 한 동물을 관찰할 때, 차분한 모습과 겁먹은 모습, 반항적인 모습, 온순한 모습 등 다양한 동물의 이미지를 모두 함께 생각할 수 있었다. 동물의 움직임과 그들 주변의 환경, 동물을 다루는 인간들의 행동도 함께 연구했다. 목장에서 보는 모든 모습이 템플의 머릿속에 그림으로 기록되었다. 템플에게는 보는 것이 연구하는 것이었다.

세상일이 항상 잘 풀리는 것은 아니었다. 여자는 들어갈 수 없는 곳이라며 사육 시설에서 쫓겨난 적도 있다. 동물을 키우고 도축하는 일을 남자들의 독점 분야라고 여긴 것이다. 템플은 실망도 하고, 그만큼 화도 많이 났다.

'내가 남자들이 하는 일을 못 하는 것도 아닌데 여자라서 쫓아내는 건가? 아니면 내가 자폐증 환자라서 받아 주지 않는 건가? 그럼 여자와 자폐증, 두 가지 중 어떤 게 더 문제가 되는 거지?'

그런데 사실 템플을 곤란하게 만드는 가장 큰 원인은 다른 사람들의 감정, 예를 들면 시기나 질투와 같은 것을 제대로 읽지 못하게 만드는 자폐 증세였다.

하지만 템플에게 도움의 손길을 내미는 사람도 있었다.

"동물에 관심이 많으면 사육제나 로데오 경기에 가 보는 게 어때요? 거기에 가면 동물들이 많아요."

"고마워요!"

템플은 황소를 구경하러 로데오 경기장에 갔다. 그리고 어느 날 고삐 풀린 황소와 야생마들 틈에서 '애리조나 농축산인'이라는 가축 사육 신문 편집장을 만났다. 템플은 그 사람을 보자 좋은 생각이 떠올랐다.

"제가 소를 위한 경사지 설계에 관해 좋은 아이디어를 갖고 있는데 관심 있으신가요?"

"어떤 아이디어인지 자세한 설명을 써서 저한테 보내 주세요. 어디 한번 봅시다."

가축 사육 신문 편집장은 템플의 아이디어가 마음에 들었다. 그래서 1972년, 템플의 첫 번째 기사가 신문에 실렸다. 여성 연구자 템플은 사육 시설에서 쫓겨났지만 기자가 된 템플은 어려움 없이 사육 시설에 들어갈 수 있게 됐다. 목장과 사육 시설에 들어가 연구를 계속할 수 있다는 것이 얼마나 다행이었는지 모른다. 템플의 차에 소 내장 같은 걸 올려놓는 못된 장난을 치는 사람들이 여전히 있었지만 템플의 연구는 계속됐다.

2년 후 템플은 가축의 행동 양식에 관한 논문으로 석사 과정을 마쳤다. 이제 템플이 연구해 온 이론의 효과와 유용성을 증명해야 할 때가 되었다. 소의 행동을 알고 이해하면 사육할 때는 물론이고 도축하기 직전까지 조금 더 소를 편안하게 해 줄 수 있다는 것이 템플의 이론이다.

템플의 초창기 작품 중에는 '황소의 해충 제거를 위한 수로'가 있다. 요즘은 주사 한 대면 예방이 가능하지만, 예전에는 가끔 목욕을 시켜 기생충을 씻어 내야 했다. 기생충이 귓속에서 죽을 수도 있기 때문에 목욕 중에 소가 머리를 물속에 완전히 담그고 잠깐 동안 있어야 한다. 그러니까 소가 잠기는 목욕용 수로가 필요했다. 소는 물을 무서워하지 않는다. 잘 이끌기만 하면 강도 건널 수 있다. 하지만 소들이 물과 살균제가 들어 있는 목욕통으로 들어가면서 겁을 먹고 거꾸로 빠지는 경우도 있었다. 덩치 큰 소가 작은 목욕통에 빠져 죽는 것이 이상하게 생각되지만 실제로 그런 일이 일어났다.

　템플은 소들이 수로에 들어가는 것을 관찰해 무엇이 문제인지 알 수 있었다. 남다른 관점을 갖고 있고, 그 특별함 덕에 소와 같은 눈으로 세상을 볼 수 있었기 때문이다.

　사람들은 소들이 목욕통에 빨리 들어가기를 바라는 마음으로 경사로 바닥을 매끄럽게 만들었다. 소가 혹시 멈추더라도 밀어서 넣을 수 있도록 말이다. 하지만 소들은 미끄러운 바닥에서 밀려 갑자기 물에 빠지게 되면 당황해서 몸을 돌리다가 물에 빠져 죽는 거였다. 아주 얕은 물인데도.

　템플은 소들이 미끄러지지 않고 제 발로 걸어갈 수 있도록 홈이 파인 경사로를 설계했다. 우리에서 수로로 이어지는 길은 둥근 곡선으로 설계했는데, 소들이 항상 둥글게 곡선을 이루며 이

동하는 모습에서 얻은 아이디어였다. 소들이 편안함을 느끼는 모양으로 길을 만든 것이다. 소들이 안정된 상태로 경사로를 내려가 목욕통 속으로 들어가면 고개를 숙이고 물속에서 계속 다리를 움직인다. 그렇게 걷는 것처럼 수영을 해서 몇 미터 이동하면 목욕통 출구에 닿고, 여기서부터는 다시 편안하게 올라갈 수 있는 경사면이 이어졌다.

사실 이것은 모두 템플의 머릿속에 있는 설계였다. 수로를 공사하는 사람들에게 템플의 생각을 전달하려면 설계도가 필요했지만 템플은 설계도 그리는 방법을 배운 적이 없었다.

템플은 소들을 보고 연구하듯 설계사가 도면을 그리는 것을 유심히 보고 머릿속에 담았다. 그러니까 설비 도면을 그리는 아주 유능한 어느 설계사를 오랫동안 지켜보았다. 그가 선을 어떻게 그리는지, 어떤 눈금자와 각도기를 사용하는지도 살펴보았다. 그리고 그 설계사의 것과 똑같은 도구들과 종이를 샀다. 온갖 재료를 잔뜩 산 템플은 집으로 돌아와 자신의 첫 번째 설계도를 완성해 냈다. 템플은 설계도를 그리는 것도 그다지 어렵지 않았다고 말했다.

"간단했어요. 그 사람이 어떻게 하는지 보고 모든 과정을 머릿속에 영화처럼 기억했죠. 그리고 그대로 따라 했어요."

드디어 템플의 수로가 한 목장에 설치되었다. 그런데 개막식에서 카우보이 몇 명이 템플을 기다리지 않고 가축들을 이동시

켰다. 카우보이들이 템플의 홈이 파인 경사면 위에 평평하고 미끄러운 철판을 깐 것이다. 카우보이들은 이제까지 그런 것들만 봐 왔기에 가축들을 빨리 목욕시키려면 그래야 한다고 생각했다. 물론 경사면이 매끈하면 소들이 저항을 해도 목욕통에 들어갈 수밖에 없고 시간도 얼마 걸리지 않는다. 하지만 바로 그것이 템플이 피하려고 했던 일이었다.

템플이 도착했을 때 소 몇 마리가 물에 빠져 죽어 있었다.
"미끄러운 경사면 때문에 소들이 죽었잖아요!"
매끈한 철판을 치우자 템플의 생각대로 소들을 안전하게 목욕시킬 수 있었다. 템플의 생각이 증명된 것이었다. 하지만 그렇다고 해도 죽은 소를 살릴 수는 없는 노릇이다.

템플은 가축을 키우는 축산업자들이 동물을 존중하며 다루기를 바랐다. 그래서 축산업자들을 찾아다니며 설득했다.
"제가 만든 시설은 가축을 올바른 태도로 다루면 필요가 없는 것들이에요. 설비를 완벽하게 만들어도, 일하는 사람이 동물을 존중하는 마음 없이 다룬다면 아무 가치가 없고요."

새로운 시설을 만든다고 해서 고기를 먹으려고 기른, 곧 죽게 될 동물들의 운명이 바뀌느냐고 물을지도 모른다. 동물들의 운명은 달라지지 않을 것이다. 그러나 어떤 식으로든 나아지기는 할 것이다.

제8장

천국으로 가는 계단

템플은 연구를 위해 도축장에도 드나들었다. 도축장에서 동물들은 학대를 당하거나 고생하는 것은 아니지만 어쨌든 선택의 여지도, 도망칠 구멍도 없이 죽음을 맞이해야 한다. 템플도 그것을 잊은 것은 아니다. 알고 있다.

어느 날 도축장에서 일하는 사람이 템플에게 물었다.

"소를 죽여 본 적 있나요?"

"없어요."

"그럼 한 번 해 볼 때가 된 것 같군요."

그 사람은 황소를 도축할 때 사용하는 공기총을 템플에게 건넸다.

템플이 총을 사용했다. 그리고 소가 죽었다. 한순간이었다. 방금 전까지 살아 있던 소가 갑자기 죽은 것이다. 더 이상 움직이지 않았고, 이제 이 세상에 없었다. 아니, 아직 여기 있지만 생명이 없었다.

그날 템플은 도축장을 빠져나오면서 생각했다.

'소들은 죽은 후에 어떻게 되는 거지?'

템플의 머릿속에서는 계속 그 질문이 떠나지 않았다. 소의 죽음으로 시작된 질문은 점점 더 범위가 넓어져 모든 동물들이 죽은 후까지 궁금해졌다.

'그러면 우리는? 우리는 죽은 후에 어떻게 되는 거지? 죽은 후라는 것은 어떤 것일까?'

동물도, 인간도 모두 죽는다. 우리 모두 템플의 질문에 포함된 것이었다. 답은 여러 가지가 나올 수도 있다. 그러나 템플은 아직도 적당한 답을 찾지 못했다. 그래도 한 가지 깨달은 것이 있다. 바로 동물도 존중받아야 한다는 것이었다.

경사면과 외부 시선 차단 시설을 포함한 템플의 가장 중요한 작품의 제목은 '천국으로 가는 계단'이었다. 영국의 록 밴드 레드 제플린의 달콤하면서도 조금 우울한 곡의 제목을 그대로 따온 것이다. 템플과 동료들이 하는 일이 무엇인지 보여 주는 제목이다. 동물도 존중받아야 한다는 것을 실천하기 위한 시설이기 때문이다. 그러니까 '천국으로 가는 계단'은 죽기 전까지 동물들을 편안하게 해 주는 도축 시설의 별명이다. 사실 잘 생각해 보면 이번에도 지붕 위로 올라가는 문과 크게 다를 것 없었

non-slip
entrance
ramp   double rail

다. 다른 점이 있다면 계단을 오르는 것이 템플이 아니라는 것이다. 이곳에서는 죽음을 향한 길이라는 것을 전혀 모른 채 소들이 뚜벅뚜벅 마지막 걸음을 옮긴다.

템플 그랜딘에게는 동물들이 두려움이나 고통 없이 평온하게 마지막을 맞이하게 하는 일이 평생을 건 숙제였는데, 이제 템플은 그 일을 하기 위해서 태어난 것처럼 살고 있다. 템플은 가끔 마지막 순간을 보내고 있는 가축들 옆으로 걸어가 그들이 정말 평온한지, 그들을 기다리는 것이 무엇인지 확실히 모르는지 확인하곤 한다.

템플은 스스로에게 묻고 싶은 것이 너무 많다.

우리가 천국을 향한 계단을 올라가야 하는 순간이 왔을 때, 지난날을 돌아보고 평생 한 일들을 자랑스러워할 수 있을까? 우리가 다른 사람들을 위해 잘한 일이 있을까? 우리 인생은 어떤 의미일까?

우리도 언젠가 한 번은 던지게 될 질문들, 우리 모두에게 중요한 질문들이다. 템플은 이런 답을 내놓았다.

"죽은 후에 내 생명은 없어져도 어쨌든 이 우주에 내가 살았던 흔적은 남았으면 좋겠어요. 내가 죽는다고 내 생각들까지 죽지는 않으면 좋겠고요. 또, 죽기 전에 무엇인가를 이루고 싶어요."

'천국으로 가는 계단' 설계를 마친 날 템플은 일기장에 이렇

게 썼다.

'이번에는 내게만 의미가 있는 상징적인 문이 아니었다. 현실적인 것, 수많은 사람들이 맞서지 않으려고 하는 것이었다.'

템플은 소를 죽음으로 인도할 때 반드시 진심을 다해 친절해야 한다고 끝까지 외칠 것이다. 무엇보다 중요한 것은 도축장 인부들과 카우보이, 그리고 그들의 고용주 등 축산업계 종사자들이 이 점을 알고 공감해야 한다는 것이다.

우리는 다양한 의견을 서로 나누고, 인간과 동물이 서로의 영역을 오가면서 조화를 이루도록 해야 한다. 그런 환경이 만들어져야 인간과 동물이 함께 변화하고 개혁하고 발전할 수 있다. 템플은 죽어야 하는 동물이 조금 더 편안하게 도축 시설로 갈 수 있게 만들면 그녀 자신이 더 편해지는 것 같다고 말한다.

"소는 자기가 언제 죽을지 몰라요. 자신이 죽는다는 것도 모르죠. 그래서 죽는다는 생각에 겁을 먹거나 두려워하지 않아요. 쓰러진 다음에나 죽는 것을 알거든요. 눈앞에서 다른 동물들의 피를 봐도 별 감흥이 없어요. 소가 무서워하는 건 따로 있어요. 너무 시끄러운 소음이나 하얀색 플라스틱 병을 싫어하죠. 그리고 어두운 곳도 싫어해요. 소는 자기들이 어디로 가는지 항상 보고 싶어 하거든요. 울타리에 걸려 바람에 나부끼는 카우보이 셔츠도 싫어해요. 이런 것들이 소들을 안절부절못하게 하죠. 소를 학대하거나 적절한 방식으로 다루지 않으면 예민해져요. 스

68

트레스를 받으면 살이 빠지고, 매를 맞거나 이동 중에 벽에 심하게 부딪히거나 상처가 있으면 육질이 떨어져요. 그러니까 학대받는 소는 고기로도 상품 가치가 떨어져요. 다르게 말하면 누구에게도 학대를 받지 않아 상처가 없는 소가 육류 산업에도 이익이 된다는 말이에요. 하지만 저는 쇠고기나 돼지고기가 아닌 그 동물들 자체를 먼저 생각해요. 저는 동물도 그 존재가 끝나는 순간까지 올바른 대접을 받을 권리가 있다고 생각해요. 물론 우리는 먹으려고 가축을 기르기는 하죠. 하지만 적어도 그들의 삶과 죽음을 평안하게 해 줘야 합니다."

제9장

불쾌한 일들 목록

템플이 목장이나 시설에서 일을 시작할 때마다 주인에게 전달하는 것이 있다. 바로 '동물들을 불쾌하게 만드는 일들'을 적은 목록이다. 어떤 곳이 편안한 목장인지, 현재 시설과 바꾼 시설에 필요한 조건이 갖추어져 있는지를 목장 주인이 돼지나 소의 입장에서 검토해 볼 수 있기 때문이다. 매번 그렇게 되기를 바라지만, 별로 소용없는 일이다. 동물의 입장을 헤아릴 수 있는 것은 템플뿐이기 때문이다.

"왜냐하면 동물들은 이미지로 생각하기 때문이에요. 바로 저처럼 말이죠. 자폐인들은 자기 주변의 규칙이 깨지는 것을 못 견뎌요. 우연일지 모르지만 동물도 그래요. 이외에도 대부분의 자폐인들이 싫어하는 것들을 동물들도 성가셔 한답니다. 동물과 동물의 감정을 깊이 이해하려면 자폐인도 필요해요."

템플이 작성한 목록은 무척 길고 간단하지 않다.

도축 시설의 경우, 물을 뿌려 청소하고 항상 깨끗하게 유지한다. 그런데 이렇게 물을 뿌리면 바닥에 물웅덩이가 생긴다. 돼지는 물웅덩이에 반사된 빛을 몹시 싫어한다. 이럴 때는 전등의 위치를 옮겨 빛이 웅덩이에 반사되지 않게만 하면 문제가 해결된다. 또, 벽면에 닿아 반사되는 전등 불빛도 가축들을 불편하게 한다. 어딘가에 매달려 왔다 갔다 흔들리는 물체가 있는 것도 안 된다. 금속 조각이 스치거나 부딪혀서 내는 소리, 문이 삐걱거리며 열리는 소리, 자동차나 각종 기계의 모터에서 나는 굉음, 바람 소리에 동물들은 겁먹고 흥분한다. 기체의 흐름에 민감하고 눈앞에서 펄럭이는 옷이나 천을 싫어한다. 수건과 플라스틱 조각, 회전하고 있는 환풍기 날개를 무서워한다. 지나치게 밝은 것도, 갑자기 완전히 어둠이 깔리는 것도 질색한다.

템플은 이 목록들을 수없이 되풀이하며 강조한다.

"동물이 아무 이유 없이 힘들어하거나 쓸데없이 짜증을 내는 일은 없어요. 우리에게는 사소해 보이지만 돼지나 소에게는 이런 것들이 큰 타격을 주죠."

이는 동물이 인간과 다른 시각과 청각을 갖고 있기 때문에 생기는 문제들이다. 한 예로, 오래전에는 동물이 흑백으로 세상을 본다고 생각했다. 하지만 지금은 다양한 색을 보는 동물들이 많고, 유난히 시각적으로 불쾌감을 더 느끼는 동물도 있다는 사실

이 알려져 있다. 동물이 사람보다 덜 민감할 수도 있고, 사람과 고통을 느끼기 시작하는 단계가 다를 수는 있지만 그렇다고 전혀 불쾌감을 느끼지 않는 것은 아니다.

템플이 작성한 목록은 유익한 수준을 뛰어넘어 핵심이라 할 만큼 중요하다. 공장형 시설이나 목장에서 동물들이 움직이지 않으면 카우보이들이 동물들을 쿡쿡 찌르는 경우도 많기 때문이다. 예전에는 작은 창 같은 뾰족한 도구를 사용했지만, 요즘은 전기로 충격을 주고 통증까지 느끼게 하는 봉을 사용한다. 이런 것이 아프지 않을 리가 없다.

템플이 동물의 감각과 반응을 관찰한 결과 가장 중요한 것은 곡선 경사면이었다. 목장에서 소 떼가 이동하는 장면을 위에서 내려다보면 완만한 곡선을 따라 이동하고 있는 모습이 보였다. 템플은 가축들이 차분한 상태를 유지할 수 있도록 곡선으로 내려가는 경사면을 만들었다. 소들이 길을 따라 내려갈 때, 길의 끝부분이 보이지 않아 겁 내거나 혼란스러워하지 않았다. 또, 자유롭게 풀어 놓았을 때 소들은 줄을 지어 이동하는 것을 좋아하기 때문에 그 모습을 모방해, 한 번에 한 마리씩만 지나가도록 경사로의 폭을 조절했다. 그래서 템플의 곡선 경사면은 가축의 무리를 자연스럽게 이동시킬 수 있다.

템플이 설계한 시설들을 위에서 내려다보거나 모형으로 제작해 보면, 드넓은 평원에 아름다운 곡선 무늬를 수놓은 것처럼

보인다. 어떤 사람들은 외계인들이 타고 온 우주선이 착륙했던 흔적 같아 보인다고도 한다.

그렇게 독특한 구조물을 개발하려면 정말 템플처럼 외계인 같은 사람이 필요했던 것일지도 모르겠다. 외계인은 제자리에 있지 않은 존재다. 몸은 집에 있지만 마음과 머리는 다른 곳에 있고, 사물을 남다른 방식으로 보고 느끼며, 세상 모든 것이 낯설고 모든 사람들이 이방인으로 느껴지는 템플은 정말 외계인일지도 모르겠다.

몇 년 전 신경학자이자 작가인 올리버 색스는 템플 그랜딘을 만나 보고 그녀에 대한 글을 쓰기로 결심했다. 사람들이 특별하다고 말하는 능력과 개성을 지닌 사람에 대한 이야기를 쓰기 위해서였다. 올리버가 템플과 만나려고 전화를 걸었을 때, 템플은 거의 똑같은 단어를 사용해 두 번씩 반복해 길을 설명했다. 아마 아직도 '녹음기'라 불리던 소녀 시절을 완전히 벗어나지는 못한 모양이었다.

올리버가 템플을 처음 만난 곳은 템플의 연구실이었는데, 올리버는 템플이 간단명료하고 직설적이고 건조한 사람이라고 느꼈다. 올리버는 자신의 책에서 템플이 돌발적으로 움직이는 이상한 행동 방식을 지녔고 굉장히 격렬하고 큰 소리로 말한다고 적었다.

템플은 올리버를 자신이 연구하는 목장으로 안내하기도 했

다. 템플은 송아지들의 울음소리를 통역해 주고 암소들의 기분이 어떤지도 설명해 주었다.

"사람하고는 달라요. 동물의 언어를 해석하다 보면 제가 가 보지 않은 어느 곳의 원주민들을 연구하는 기분이 들죠."

첫 만남을 마치고 돌아온 올리버는 템플 그랜딘이라는 인물에 대해 글을 써서 '화성의 인류학자'라는 제목으로 자료집에 추가했고, 얼마 뒤에는 같은 제목으로 책을 출간했다. 그런데 이 제목을 생각해 낸 사람은 다름 아닌 템플이었다.

"나는 화성의 인류학자인 것 같아요."

인류학자는 인간을 연구하는 과학자다. 하지만 인간이 살지 않는 화성에서 인류학자가 과연 무엇을 할까?

제10장
그럼에도 불구하고

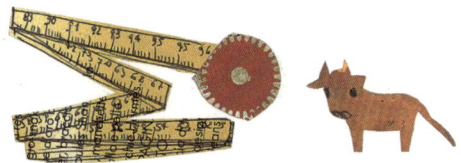

심리학 학사, 동물학 석사, 수많은 저서들과 다른 작가들이 그녀에 대해 쓴 책들, 그녀의 삶을 다룬 영화, 수상 경력, 수많은 타이틀과 명성까지. 분명 템플 그랜딘은 성공한 인물이다. 우리가 사는 이 세상에서 성공은 가치를 평가하는 척도이기는 하지만, 사회적으로 성공했다고 해서 한 인간으로서도 성공했다는 의미는 아니다. 그러나 템플의 경우 사회적인 성공과 한 인간으로서의 성공, 두 가지를 모두 이뤘다.

사람들은 대부분 자폐인이라는 조건이 단점이지 장점이라고는 생각하지 않는다. 걸림돌이자 난관이라고 생각한다. 물론 템플에게도 걸림돌이자 난관이었다. 특히 템플 스스로나 다른 사람들이 자폐증이 무엇인지 모르던 시절에는 무척 힘들었다. 오늘날 우리는 자폐증에 대해 예전보다 훨씬 많이 안다. 자폐증을 가지고 태어난 사람들이 세상을 어떻게 보고 느끼는지, 그들이 좋아하는 것은 무엇이고 싫어하는 것은 무엇인지, 자폐증이 없는 다른 사람들의 세상과 어떤 관계에 놓여 있는지도 어느 정도 알게 됐다. 자폐증에 대한 정보가 풍부해진 것은 모두 이 증세에 대해 설명하고 이야기할 줄 아는 템플 덕분이다. 템플은 동물에 관심을 갖고 연구하는 만큼 자신이 가진 자폐증에 대한 연구도 열심이다. 자신이 연구하고 알게 된 것을 사람들에게 널리 알리고 싶다.

  템플의 명성은 어느 정도는 이런 점과 관련이 있다. 바로 실제로 존재하지 않지만 자폐증 환자들에게만 존재하는 세상을 해석하는 데 성공했다는 것이다.

  템플 그랜딘은 자폐증을 갖지 않은 다른 학자들이 그렇듯이 끊임없이 공부하고 연구한다. 소와 돼지 같은 가축뿐만이 아니라 엘크, 개, 어류, 비둘기의 행동에 대해서도 계속해서 연구한다.

  동시에 자신과 무엇인가를 공유하고 있는 사람들, 그러니까 자폐인의 행동에 관해서도 끝없이 이야기하고 설명한다. 어린 시절 자신이 갇혀 있던 그 섬에서 한 번도 벗어나지 못한 사람들을 위해서다. 어떤 관점에서 보면 자폐증은 병이 아니라서 저절로 나아지면 그만이다. 그저 내면에 무엇인가를 항상 가지고 다니는 증세일 뿐이다.

자폐증은 하고 싶은 일을 해내고, 세상의 변화에 공헌하는 템플의 발걸음을 막지 못했다. 템플의 어머니 유스테시아는 이렇게 말했다.

"템플이 항상 바란 것은 남다른 것을 만드는 일, 기억에 남을 만큼 가치 있는 무엇인가를 하는 것이었어요. 그러니까 템플은 해낸 거지요."

템플은 해냈다.

자폐증이 있지만 그럼에도 불구하고 해내고 말았다. 아니, 자폐인이어서 더욱 잘 해냈다.

제11장
사랑은 무언가를 자라게 해

"**다**른 사람들은 서로 인연을 맺고 서로 좋아하는 감정을 나누지요. 그런데 나는 장소에 더 애착이 가요. 앤 고모가 돌아가셨을 때 슬프기는 했지만, 고모의 목장이 팔렸다는 소식을 들었을 때 훨씬 더 마음이 아팠어요. 한번은 오래전에 일했던 목장에 가 봤는데 온통 녹이 슬고 먼지를 뒤집어쓰고 찢어진 채 버려져 있었어요. 난 충격을 받았고 울기까지 했죠. 나는 그래요. 나는 나와 함께 일하는 사람들과 관계를 맺기는 하지만 일을 통한 관계일 뿐이에요. 나는 일과 내가 만든 것들에서 기쁨을 얻어요. 그래도 슬픈 영화를 보면 눈물이 나고 코미디 영화를 보면 웃어요. 사실 남들보다 훨씬 많이 웃지요. 마치 스위치를 올렸다 내리는 것처럼 웃음보가 터지면 무척이나 크게 계속 웃고 스위치가 꺼지면 한순간에 뚝 그쳐요. 한번은 비행기에서 영화를 보다가 웃은 적이 있는데, 너무 크게 웃음을 터뜨려서 승객 모두 넋을 놓고 나를 쳐다봤다고 하더라고요. 그리고 나는 관심이 없는 것들은 잘 잊어버려서 사람들을 기억하기도 힘들어요. 수염이 길다든가, 눈이 아주 동그랗다든가, 눈동자 색이 특이하다든가 하는 뚜렷한 특징이 없으면 잘 기억하지 못해요. 하지만 아주 오래전에 묵은 호텔방에 있던 가구 같은 물건은 머릿속에 잘 보관돼 있죠. 나는 그림으로 생각하고 기억하니까요."

이런 템플도 좋아하는 사람이 있을까?

"대학 시절에 영화 '스타트렉'을 보는데 미스터 스팍에게서 내 모습이 보이더군요. 미스터 스팍은 다른 별에서 왔고 언제나 논리적으로 생각하잖아요. 감정에 치우쳐 결정하는 일들을 이해하지 못하고요. 내가 바로 그렇거든요. 안드로이드인 데이터 소령도 무척 좋아해요. 멀리서 보면 사람 같지만 가까이서 보면 아니죠. 데이터 소령의 인공지능은 굉장히 광범위하고 엄청난 양의 자료를 저장할 수 있는 뇌를 갖고 있어요. 데이터 소령도 완벽하게 논리적이에요. 하지만 인간 세상에 매혹돼서 인간이 되고 싶다는 욕망이 강해요. 공상과학계의 피노키오라고 할 수 있죠."

외계인

"넌 어디서 왔지?"

"다른 별에서 왔지. 다른 외계인들처럼 말이야."

"여기서 뭐하는 거야?"

"돌아다니고 있어. 너희가 어떤지 보려고."

"우리가 어떤데?"

"이상해."

"너처럼?"

"맞아."

"왜 나한테 온 거야?"

"네가 동물들과 함께 있어서. 나는 동물을 모르거든."

"난 알아."

"어떻게 아는데?"

"난 동물들이 보는 것을 보거든."

"동물들이 뭘 보는데?"

"이미지. 그림 말이야."

"영화관에서처럼?"

"그래. 너희 별에도 영화관이 있어?"

"우리 외계인들은 아는 게 무척 많아. 하지만 모든 것을 다 이해하는 건 아냐."

"나도 그래."

"누구나 그럴걸."

"네가 이해하지 못하는 게 뭐야?"

"예를 들면, 너."

"나도 어릴 때는 나를 이해할 수 없었어. 지금은 알지만."

"그럼 너희는 자라면서 이해하게 되는구나?"

"누구나 그런 건 아니야. 내 어떤 점이 이해가 안 되지?"

"네가 항상 소들과 있는 이유를 모르겠어. 너는 소를 좋아하는 것 같은데 소를 죽이는 곳까지 같이 가더라."

"나도 이상하다는 거 알아. 하지만 죽기 전까지 편하게 해 주려는 거야. 무섭지 않게 해 주려고."

"그런데 소들은 죽고 난 후에 어디로 가지?"

"나도 항상 그게 궁금해. 돼지도 그렇고. 개도 그렇고."

"어쩌면 어느 별로 갈지도 몰라."

"다른 별이 있다고 생각해?"

"그런 별을 본 적은 없어. 하지만 보지 못했다고 없는 건 아니지."

"멋진 별일 것 같아."

"그럴 것 같아."

"그 별을 찾으면 돌아와서 내게 말해 줄래?"

"그래."

이제 현재의 템플의 이야기를 들어 보자.

"내가 더 이상 이렇게 자폐증 환자로 살지 않아도 된다고 선택하라고 하면, 나는 단번에 거절 스위치를 누를 거예요. 자폐증은 제 일부거든요."

중요한 말이다.

"사람들이 날 동물과 비교해도 나는 기분 나쁘지 않아요. 개나 소는 존경할 만한 성품을 갖고 있어요. 이 동물들은 자기들과 같은 종류의 수많은 동물들이 고통받거나 죽는 끔찍한 전쟁은 벌이지 않아요. 침팬지나 돌고래, 인간처럼 아주 복잡한 뇌를 가진 동물들이나 서로 아주 잔인한 행동을 보이죠. 뇌가 복잡해지면 복잡해질수록 회선의 연결이 꼬일 가능성이 많아지는 거예요. 우리 시대에 가장 흥미로운 인물들 대부분이 자폐 증세를 겪었어요. 예를 들면 아인슈타인이 그랬죠. 뇌의 회선이 꼬이면 아인슈타인 같은 천재가 될지도 모르니 다들 잘 살펴봐야 해요. 물론 개인적으로는 힘든 일이 무척 많겠지만요. 누군가 이런 인물들에게 사랑이 가득한 환경에서 고생스럽게 선과 악을 구분하는 법을 가르쳤으니 다행이죠."

돌아온 비츠반

"이봐, 거기 있어?"

"응."

"나 기억해?"

"응."

"나 돌아왔어."

"넌 꽤 오래 떠나 있었어."

"너에게 더 이상 내가 필요하지 않았으니까."

"그런데 왜 돌아왔어?"

"너 화났어?"

"그래."

"왜?"

"네가 떠나서."

"그래야 했어."

"왜?"

"네가 커졌으니까. 우린 사람들이 커지면 항상 떠나."

"그럼 왜 돌아왔어?"

"가끔 돌아오기도 해."

"무슨 이유로?"

"널 보려고 왔지."

"내가 널 원하는지 잘 모르겠어."

"나를 떠나보내."

"너 안 가도 돼. 난 상관없어."

"아니, 넌 상관있어."

"그럴지도 모르지."

"넌 항상 똑같구나."

"아닐걸."

"맞아."

"똑같은 게 좋은 건가?"

"내 생각엔 그래."

"난 잘 모르겠어. 난 그냥 나야. 그게 다야."

"난 네가 좋아."

"내가 컸는데도?"

"그래."

"지금 또 떠날 거야?"

"그래."

"그럼 난 슬퍼질 거야. 이제 화는 안 나고 슬퍼."

"슬픈 것도 좋아. 항상 좋을 수만은 없지."

"돌아올 거야?"

"그럴 수도 있지. 네가 바뀌지 않는다면."

"난 바뀌지 않아. 난 항상 나야."

"전 사랑을 못 해요."

어린 템플이 엄마에게 말했다.

"그렇게 달라붙는 사랑만 사랑이 아니란다."

엄마가 템플에게 말했다.

"너를 숨 막히게 하는 포옹 말이야. 사랑은 그게 다가 아니야."

"그럼 뭔데요?"

"사랑은 무언가를 자라게 하는 거지. 식물과 동물, 그리고 너 같은 아이들. 새싹을 심을 때와 비슷하단다. 주의를 기울이고 조심스럽게 관리해야 하지. 그렇지 않으면 줄기가 부러지고 마니까. 강아지들을 다룰 때도 마찬가지야. 강아지들과 친구가 되려면 부드럽게 다뤄야 해."

템플이 고개를 끄덕인다.

어른이 된 템플은 이렇게 말했다.

"난 친구가 교수님에게 반할 때나 다들 비틀즈에 빠졌을 때 도무지 이해가 안 됐어요. 사랑 때문에 죽음을 맞이하는 로미오와 줄리엣의 비극도 관심 없어요. 전 다른 사람과의 깊은 관계가 어떤 건지 몰라요. 어린 시절에는 다이빙대에서 뛰어내리거나 말을 타고 다니는 게 행복이었어요. 지금은 공들여 계획한 프로젝트가 승인되거나 내 글이 발표될 때 행복하고요. 난 내가

하는 일이 만족스러울 때 행복을 느껴요. 그리고 내 일이 동물들과 함께하는 일이라 참 좋아요. 난 동물들과 함께 있을 때 구름 위를 떠다니는 기분이 들어요. 사람들이 '아름다운 석양'이라고 말할 때, 석양이 무엇인지는 알지만 내 눈에는 석양의 색만 보이지 아름다움이 보이지는 않아요. 내 감정들은 아주 단순해요. 분노와 두려움, 행복, 슬픔뿐이죠. 어른이 아닌 어린아이의 감정들과 비슷해요. 슬프면서 행복하다거나 분노와 함께 슬픔이 동시에 느껴진다든지 하는 복잡한 감정이 어떤 건지 몰라요. 뉘앙스, 인상, 어감 이런 말들이 어떤 건지도 모르고요."

템플 그랜딘과 올리버 색스는 만나서 수많은 이야기를 나눴다. 그러다 어느 순간 올리버가 물었다.
"사랑이라는 게 뭘까요?"
"누군가에게 관심이 생기는 거 아닐까요. 그리고 어떤 식으로든 친절이 관련이 있을 것 같아요."
템플의 인생은 어릴 때와는 아주 많이 달라졌다. 템플은 사랑하는 데도 문제가 없다. 사랑하는 방식이 다를 뿐이다. 아마 다른 단어, '친절'이라는 말로 사랑을 표현하고 있는 것 같다.
템플은 일을 할 때마다 '소에게 친절하세요.'라고 말한다.

현재 미국의 소와 돼지의 3분의 1이 템플이 설계한 시설에서

태어나고 죽는다.

템플 그랜딘은 동물의 관점에서 세상을 본다. 왜냐면 템플에게는 그것이 자연스럽고, 템플이 할 줄 아는 일이고, 템플에게 맞는 일이기 때문이다. 그리고 템플의 이런 관점 덕분에 미국의 소와 돼지들의 삶과 죽음의 순간을 조금이나마 바꿀 수 있었다.

템플은 사랑을 정의할 줄을 모르는 것 같다. 하지만 조금도 의심하지 않고 템플이 친절한 사람이라고 말할 수 있다. 템플이 동물들에게 하는 것만큼 할 수는 없겠지만 이 땅 위에 사는 우리 모두에게는 조금 더 많은 친절이 절실히 필요하다.

오즈의 여행

"대체 난 누구지?"

"넌 템플이지."

"난 다른 사람들과 달라. 나도 알아."

"내 말 들어봐, 템플. 다른 사람들과 똑같은 사람은 아무도 없어. 다 제각각이지. 그뿐이야. 네가 어릴 때 그렇게 좋아하던 오즈의 마법사 이야기를 생각해 봐. 허수아비를 생각해 봐, 뇌를 만들어 달라고 하잖아. 양철 나무꾼을 생각해 봐, 심장이 필요하잖아. 사자를 생각해 봐, 용기가 조금 있었으면 하잖아."

"하지만 결국 다 갖게 되잖아. 집에 돌아가고 싶었던 도로시도 결국 집으로 돌아갔지."

"하지만 은 구두를 잃었잖아. 기억 안 나? 모든 것을 다 가질 수는 없어. 지금 가진 것과 상태를 잘 알고 있는 게 중요해. 그럼 모든 게 훨씬 더 쉬워져. 아니면 최소한 덜 어려워지지."

옮긴이 김현주

한국외국어대학교 이탈리아어과를 졸업하고, 이탈리아 페루지아 국립대학과 피렌체 국립대학 언어 과정을 마쳤습니다. EBS의 교육방송 일요시네마 및 세계 명화를 번역하고 있으며, 현재 번역 에이전시 하니브릿지에서 출판 기획 및 전문 번역가로 활동하고 있습니다. 『나몰라 아저씨, 여기서 이러시면 안 돼요!』, 『씨앗이 있어야 우리가 살아요』 등 여러 책을 우리말로 옮겼습니다.

화성의 인류학자 템플 그랜딘 이야기
소에게 친절하세요

초판 1쇄 2017년 1월 5일 | 초판 5쇄 2023년 7월 20일

글쓴이 베아트리체 마시니 | 그린이 빅토리아 파키니 | 옮긴이 김현주
펴낸곳 책속물고기 | 출판등록 제2021-000002호
주소 서울특별시 영등포구 양평로 157, 1112호
전화 02-322-9239(영업) 02-322-9240(편집) | 팩스 02-322-9243
책속물고기 카페 http://cafe.naver.com/bookinfish | 전자메일 bookinfish@naver.com

ISBN 979-11-86670-56-9 74800
ISBN 978-89-962986-2-5(세트)

이 도서의 국립중앙도서관 출판예정도서목록(CIP)은 서지정보유통지원시스템 홈페이지(http://seoji.nl.go.kr)와 국가자료공동목록시스템(http://www.nl.go.kr/kolisnet)에서 이용하실 수 있습니다.(CIP제어번호: CIP2016028446)

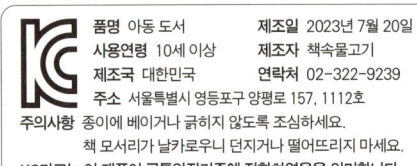

*이 책의 내용을 쓰고자 할 때는 저작권자와 출판사 양측의 허락을 받아야 합니다.
*잘못된 책은 바꾸어 드립니다.
*값은 뒤표지에 있습니다.